깊이깊이 말씀 속으로

**Too Deep for Words Rediscovering Lectio Divina**
with 500 Scripture Texts for Prayer

# 깊이깊이 말씀 속으로

**델마 홀** 지음 | **최상미** 옮김

# TOO DEEP FOR WORDS

by Thelma Hall.
Copyright © 1988 by Paulist Press, New Jersey, USA All rights reserved.

This Korean Edition Copyright © 2014 by SoHP, Seoul, Republic of Korea

This Korean edition is translated and used by permission of Paulist Press through arrangement of rMaeng2, Seoul, Republic of Korea.

이 책의 한국어판 저작권은 알맹2 에이전시를 통하여 Paulist Press와 독점 계약한 도서출판 SoHP에 있습니다.
신 저작권법에 의하여 한국 내에서 보호받는 저작물이므로 무단전재와 무단복제를 금합니다.

## 깊이깊이 말씀속으로

1판 1쇄 찍음 2014년 7월 1일
1판 1쇄 펴냄 2014년 7월 10일

**지은이** 델마 홀
**옮긴이** 최상미
**펴낸이** 최상미
**펴낸곳** SoHP

**출판등록** 2013년 6월 12일(제301-2013-114)
**주소** 서울시 중구 소공로 35, 102동 1205호
**대표전화** 02-549-2376  **팩스** 02-541-2377

**ISBN** 979-11-953048-0-6 03200

*값은 뒤표지에 있습니다.
*잘못 만들어진 책은 바꾸어 드립니다.
*역자와의 협의하에 인지는 생략합니다.

이 도서의 국립중앙도서관 출판예정도서목록(CIP)은 서지정보유통지원시스템 홈페이지 (http://seoji.nl.go.kr)와 국가자료공동목록시스템(http://www.nl.go.kr/kolisnet)에서 이용하실 수 있습니다.(CIP제어번호: CIP2014018866)

# 머리말
Acknowledgements

많은 사람들의 도움으로 이 책은 꿈 속에서 현실의 세계로 나올 수 있었다. 그들에게 참으로 고마운 마음을 전한다. 나는 "언젠가는" 성경 구절들을 주제별로 분류하여 그것들을 가지고 기도할 수 있는 안내서를 출판하고 싶다는 소망을 자주 이야기하곤 했다. 그것은 일종의 꿈과 같은 것이었다.

그러던 몇 해 전 도미니카 공화국의 한 작은 마을인 혼도 밸리에서 그동안 친분을 쌓아온 제인 레일리 경과 봅 함마를 만나게 되었다. 그때 봅은 〈Paulist Press〉의 편집인으로 새로운 작가를 찾고 있다는 말을 건넸고, 제인은 "델마가 어떨까요?"하고 그에게 물었다. 그렇게 꿈은 현실로 바뀌기 시작했다.

뉴욕의 베드포드 빌리지에 있는 세너클 피정의 집에서 피정과 후속으로 진행되는 영성지도의 사역을 하면서 나와 함께 공동체를 일군 캐설린 오브라이언은 내게 지원과 격려를 무조건적으로 베풀었다. 그녀의 지원이 없었다면 이 책을 완성하는 일은 불가능했을 것이다. 내가 1986년 10월부터 1987년 4월까지 13주 동안 베드포드를 떠나 사역을 쉬고 있는 동안에도 그녀는 바쁜 피정의 집 사역을 혼자 도맡아 했고, 게다가 외부 사역까지 언제나 웃음을 잃지 않고 열정적으로 해냈다.

그 기간 동안 루 맥워터는 내가 글 쓰기에 가장 적합한 은신처로 뉴욕 에펑크에 있는 그녀의 아파트를 선뜻 내주었고, 마이크 보이드는 마지막 정리 작업을 위해 컴퓨터를 쓸 수 있게 해 주었다. 이렇게 해서 주제별로 성경 말씀을 가지고 기도를 드릴 수 있도록 돕는 주제별 묵상집을 구분하여 소개하고 싶다는 내 오랜 소망은 이 책 안에서 열매 맺게 되었다.

세너클 수도 공동체에게도 감사를 표현하고 싶다. 그곳에 몸 담고 있던 수 년 동안의 세월을 통해 나는 이 책을 쓸 수 있는 자원을 형성하고 키워나갔다. 그리고 무엇보다도 이 일에 관심을 갖고 약속한 대로 중보 기도를 해준 모든 사람들로 인해 이 책이 완성될 수 있었음을 나는 분명하게 느낄 수 있다. 그들에게 감사의 마음을 전하며, 마지막으로 봄 함마 편집장에게 나를 작가로 초대해 주고, 신출내기 작가를 인내하며 이끌어준 점에 대해 진심어린 감사의 마음을 전한다.

# 서문
Introduction

 최근 기도의 방법이나 기술들이 넘쳐나도록 소개되고 있음을 본다. 기도에 대한 책과 논문, 세미나와 워크샵, 테입과 비디오가 끊임없이 나오고 있다. 그것들 가운데는 몸으로 드리는 기도, 상상력을 이용한 기도, 성찰하는 기도, 감각을 이용하거나 이미지를 이용한 기도 그리고 치유의 기도 등 셀 수 없이 많은 종류가 있다. 아마도 이것은 "수요와 공급"의 문제로 해석될 수도 있지만, 긍정적으로는 초월적인 것에 대한 열망이 커져간다는 표지이며, 갈수록 광기어리고, 쫓기듯 살아야만 하는 세상 가운데서 삶의 참 의미, 즉 하나님을 향한 열망이 커져간다는 표지일 수 있다. 분명히 이것은 그분께서 우리들 중 수많은 사람들의 마음 가운데 심어 놓으신 열망이다. 그것은 선물이고 우리를 향한 하나님의 열망을 확증하는 것이다. 야고보서에서 읽을 수 있는 것처럼,

> "하나님께서는 우리 속에 살게 하신 그 영을, 질투하실 정도로 그리워하신다." (야고보서 4:5)

최근에 기독교 공동체 안에서는 더 깊은 기도에 목말라하는 성령님의 일깨우심이 가시화되기 시작했는데, 그것은 특히 묵상기도에 대한 관심이 커지고, 실제로 행하는 사람들이 늘어나는 것으로 설명될 수 있다. 그러므로 초대 기독교로부터 실행되었고, 최종적으로 묵상$^{contemplation}$의 단계에 이르게 되는, 기도 방식인 렉시오 디비나$^{Lectio\ Divina}$를 재발견하고, 또 실행할 수 있도록 짜여진 책을 발간하는 일은 시의적절한 일이라고 생각한다.

수 세기 동안 좋은 열매들을 많이 맺었음에도 불구하고 렉시오 디비나는 묵상으로 이끈다는 이유 때문에, 중세시대가 끝나면서 수도원을 제외한 다른 곳에서는 점차 영성 수련의 도구로 사용하지 않게 되었다. 이 자연발생적이고 단순한 기도 방법 대신에 사람들은 구별된 방법과 구조를 지닌 체계화된 "정신기도$^{mental\ prayer}$"를 배우기 시작했다. 16세기 말경에 이미 묵상은 평범한 사람들과는 관련이 없는 영역이 되어 버

렸다. 그리고 의심스럽고 이교적인 위험이 따르는 것으로 분류되어 행하지 못하도록 금지되었다.

결국 묵상은 특별한 은혜를 입은 소수의 엘리트들에게만 허락된 것으로 받아들이는 사조가 일반화되었다. 이 사실은 그 이전 15세기 동안에는 모든 기독교인들이 진정한 영성 생활의 정상적인 발달을 위해 누구라도 행할 수 있다고 전통적으로 가르쳐왔던 내용과는 완전히 다른 것이었다.

최근 수 세기 동안까지도 교회를 덮고 있던 렉시오 디비나에 대한 오해의 구름을 거둬내기 위해서는 묵상기도가 탁월하거나 혹은 덕을 세운 사람에게 주어지는 특별한 상급이 아니며, 더구나 우리가 스스로의 만족을 위해 추구하는 영적으로 고조된 감정은 더더욱 아니라는 사실을 알아야만 한다. 그것은 단순히 하나님께서 우리를 사랑하시며 받아들이심을 알려주는 표지인 것이다. 렉시오 디비나를 흔히 볼 수 없는 진귀한 "영성 생활"의 사치 정도로 생각해서는 안 된다. 그것은 우리의 존재 목적이기도 한 하나님과의 가장 깊은 관계, 즉 문자 그대로 그분과 "사랑 안에" 있음으로 얻어지는 결과이다.

우리는 기독교인으로서 "하나님과의 연합을 위해 지어진 존재"라고 배우거나, 혹은 그렇게 믿어왔다. 그러나 그 사실을 우리 삶의 가장 중요한 진리로 받아들이고 온전히 내 개인의 삶 가운데 적용시키는 일은 감히 생각도 못하고 있다. 어쩌면 이것이 우리를 향한 하나님의 열정적인 갈망임을 믿을 준비조차 안되어 있을 수 있다. (이것은 우리의 위대한 연인인 그분을 얼마나 좌절시키는 일이겠는가!)

기껏해야 우리는 "하늘 나라"에서, 언젠가는 또 어떤 식인지는 모르겠지만 주님과 사랑의 연합을 이루게 될 것이라고 모호하게 인식하고 있을 뿐이다. 그러나 예수님의 삶과 가르침은 지금 이곳에서의 삶과 관련된 것이다: "하나님의 나라는 네 안에 있다." … "회개하라. 그리고 복음을 믿어라.": 너는 하나님의 사랑받는 자녀다! 그분께서는 우리가 서로 사랑하면, 하나님을 사랑하는 것이라고 가르치신다. 이것이 이 세상에서 우리를 통해 살아계시고 사랑하시는 하나님의 사랑이다. 하나님은 사랑의 근원이고 의미이며 목적이 되신다.

묵상기도 안에서 우리는 이 사랑을 경험하는 것이며, 우리의 삶을 이 세상에서 하나님을 드러내는 도구로 점차 만들어 가는 것이다. 이 사랑은 시간과 공간에 매이지 않고 창조적인 힘을 이끌어 낸다. 이것이야말로 이 세상 가운데 살면서 만나게 되는 멸절滅絶의 위협 앞에서 무기력에 빠지게 않게 하는 소망의 원천이 된다. 그리고 우리는 다음과 같이 담대하게 말할 수 있다. "선으로 악을 이길 수 있음을 믿지 못한다면, 또 사랑으로 미움을 이길 수 있음을 믿지 못한다면 당신은 하나님을 믿지 않는 사람이다." 그 이김은 우리와 상관없이 이루어지는 것이 아니다. 그것은 우리가 하나님의 사랑만이 이 세상을 구원할 수 있는 유일한 원천임을 온전히 받아들이고 그 사랑에 적극적으로 참여할 때 가능한 일이다.

묵상기도는 그 사랑에 동의하는 것이다. 그것은 결국 이 땅에서 죽음에 이르렀을 때 비로소 얻게 될, 실제의 삶과는 상관없는 천상의 파이가 아니다. 그것은 종종 비싼 값을 치러야 하는 고통스러운 삶의 과정 가운데 하나이다. 예를 들어 이 땅에서 예수님을 진지하게 따르는 일과 같이 자신을 비우는 것이며, 자기를 버리는 사랑과 같은 삶의 과정들 가운데 하나이다. 그러므로 이것은 오늘 이곳의 삶에서 아주 중요한 것이다.

렉시오 디비나는 수 세기 동안 묵상으로 이끄는 길로 입증된 방법이었다. 자, 이제 그 선물을 재발견할 때이다.

# 목차
Contents

머리말　　5
서문　　9

## PART 1. 묵상으로의 부르심

CHAPTER 1　묵상의 재발견　　21

CHAPTER 2　살기 위해 죽기: 역설을 풀다　　41

CHAPTER 3　인간 관계를 깊이 있게 함　　60

CHAPTER 4　렉시오 디비나　　81

　1. 읽기Lectio: 하나님의 말씀을 읽고 경청함　　81

　2. 명상Meditatio: 말씀을 성찰함　　85

　3. 마음의 기도Oratio: 말씀이 마음을 만지다　　92

　4. 묵상Contemplatio: 침묵 속으로 들어감 "말로 다할 수 없는 사랑"　　110

# PART 2. 묵상을 위한 50가지 주제별 성경구절

## 주제별 성경구절을 사용하는 방법     127

    1. 사랑을 받아들임     129
    2. 하나님을 기다림     131
    3. 불안     133
    4. 시작     135
    5. 하나님의 부르심     137
    6. 회개로 부르심     139
    7. 어린이     141
    8. 긍휼     144
    9. 회개와 자비     147
    10. 하나님과 나누는 사랑의 대화     150
    11. 영의 분별     152
    12. 제자도     154
    13. 공의를 행함     156
    14. 믿음     159
    15. 거짓 자기와 참 자기     161
    16. 주를 따름     163
    17. 용서     166
    18. 자유     168
    19. 성령의 은사     170
    20. 경청하도록 부르심     172
    21. 우리 가운데 계시는 하나님     174
    22. 나에게 드러내 보이시는 하나님     176
    23. 사랑어린 관심     179
    24. 하나님의 약속     182
    25. 감사     185

| | |
|---|---|
| 26. 하나님의 말씀을 들려주심 | 188 |
| 27. 기쁨 | 190 |
| 28. 하나님 나라와 가난한 자 | 192 |
| 29. 예수님에게서 배움 (1) | 195 |
| 30. 예수님에게서 배움 (2) | 198 |
| 31. 예수님에게서 배움 (3) | 201 |
| 32. 사순절 | 203 |
| 33. 영원한 생명 | 206 |
| 34. 생명을 주는 성령 | 208 |
| 35. 새로운 생명: 부활의 신비 | 210 |
| 36. 평강과 확신 | 213 |
| 37. 성경 속의 기도 | 215 |
| 38. 화해 | 217 |
| 39. 관계 | 220 |
| 40. 하나님 안에서 안전함 | 223 |
| 41. 하나님을 구함 | 226 |
| 42. 섬김 | 228 |
| 43. 하나님의 영 | 230 |
| 44. 청지기의 도 | 232 |
| 45. 고통 | 234 |
| 46. 하나님의 온화함 | 237 |
| 47. 신뢰 | 239 |
| 48. 진리와 성실 | 242 |
| 49. 약함과 강함 | 244 |
| 50. 증인 | 246 |
| | |
| 추천 도서 | 248 |

PART

1

# 묵상으로의 부르심

The Call to Contemplation

# CHAPTER 1
## 묵상의 재발견
The Rediscovery of Contemplation

"말로 다할 수 없는" 깊은 소통의 단계로 이끄는 참 사랑의 발전 과정 속에서 우리는 내면적인 역동을 발견한다. 사랑하는 사람은 말이 줄어들고 침묵하게 된다. 그리고 사랑받는 사람은 그 침묵을 웅변으로 받아들인다.

이 책은 오랜 세월 동안 드려진 소박하고 단순한 기도 방법에 대한 것이다. 이 기도는 우리를 부드럽게 이끌어 하나님과의 깊은 대화의 단계까지 이르도록 한다. 기독교 전통이 시작된 초기부터 행해졌던 이 기도 방법은 렉시오 디비나로 알려져 있다.

이후로 이 책에서 계속 사용하게 될 렉시오Lectio라는 단어는 통합적인 기도의 방법을 일컫기 위한 것이다. 렉시오는 하나님께서 내주$^{內住}$하시고 생명을 주시며, 우리 마음의 가장 깊은 곳에서 그분을 만날 수 있도록 우리를 이끌고, 하나님께서 때를 기다려 주시기 원하는 묵상이라는 선물을 받을 수 있도록 우리를 준비시킨다. 그것은 우리의 마음을 열게 하며 또 알려주는$^{in\text{-}forms}$ 기도의 방법이 될 것이다. 그러므로 렉시오는 하나님께서 우리 마음 속 가장 깊은 곳에 있는 사귐의 처소를 두드리며 말씀하시도록 하고, 성경 말씀이 지닌 권능을 우리로 하여금 알 수 있도록 한다. 또한 은혜와 도전 모두를 통해 우리가 변화되고 진정한 영적 성장과 성숙을 이뤄나가도록 촉진한다.

## 숨겨진 보화

이미 오래전부터 수 세기 동안 렉시오는 기도를 돕는 효과적인 영적 도구로 그 역량이 입증되었다. 그러나 오늘날에는 알려지지 않은 "밭에 감추인 보화"가 되었다. 나의 사역지인 피정의 집에서 경험하는 것들 가운데에서도 이 사실을 확인할 수 있다.

이 책을 쓰기 전에도 나는 피정 지도와 후속 영성지도를 계속하면서 만나게 되는 많은 수도자들, 목사와 평신도들이 렉시오에 대해 얼마나 잘 이해하고 있는지 늘 궁금했다. 그래서 렉시오에 대해 알고 있는지 물으면, 단지 소수의 사람들만이 그렇다고 답했다. 그것도 "그건 성경을 읽는 것과 관계가 있지요?"라는 형식적인 답변이었다. 어느 누구도 기독교 전통 안에 전해내려 온 렉시오의 중요한 영적 역할을 알고 있다고 말할 수 없었다. 내가 확인할 수 있었던 더 결정적인 사실은 실제로 그들이 은혜 가운데 있는 자신의 현 상황, 즉 은혜로 말미암아 더 깊은 기도에 대한 갈망을 지니고 있음에도 불구하고 그 가치와 잠재력을 알고 있다고 답하는 사람이 아무도 없다는 것이다.

나 역시 렉시오에 대해 무지했던 때가 있었음을 기억한다. 근래에 가톨릭의 신앙으로 돌아서게 되면서, 나는 그에 관한 글을 우연히 마주하게 되었다. 그때는 의미도 몰랐고, 더구나 기도와 관련지을 생각은 하지도 못했다. 그러나 내 삶을 근본적으로 바꾸어 버린 세례를 받고 몇 해 지나지 않아, 계획되거나 예측할 수도 없었던 수도자로서의 부르심이 현실로 다가오면서 나의 내면은 혼란스러워지기 시작했다.

그 당시 나는 브루클린의 프렛 인스티튜트에서 미술을 전공하고 있었다. 나는 매일 롱아일랜드 기차역에서 학교까지 걸으며 "아베 마리아 상점"이라는 작은 가톨릭 서점 앞을 지나가게 되었다. 그 가게를 운영하는 인상 좋은 부부는 가톨릭 신앙이라는 신세계에 대하여 채워지지 않는 나의 호기심을 불러일으켰다. 그리고 토마스 머튼Thomas Merton의 『칠층산 The Seven Story Mountain』과 『묵상의 씨앗Seed of Contemplation』을 통해, 비록 묵상적 삶을 온전히 받아들일 준비는 안되어 있었지만, 그런 삶에 대한 관심은 커졌다. 아마도 트라피스트 수도원의 일과를 글로 읽는 것 정도는 내게 "안전"하다고 느껴졌던 것 같다. (그들의 수도원 규칙 속으로 내가 직접 들어간다는 것은 분명히 생각할 수도 없는 일이었으니까!) 그래서 마치 어느 날 지나가다 우연히 들른 것처럼 그들의 삶 가운데로 들어가 수도승의 호라리움horarium에 대해 구체적으로 설명한 글들을 흥미진진하게 읽곤 했던 것 같다.

호라리움horarium은 매시간 어떤 경우는 매분 따라야 하는 트라피스트 수도원의 일상생활이다. 바티칸 제2 공의회 이전인 그 당시 나는 단지 한두 번의 특정한 묵상 기간을 정해 놓고 지키는 일만으로도 버거워했던 기억이 지금도 생생하다. 나는 그들이 매일 그렇게 규칙을 따라 행할 수 있었던 것은 특별한 기독교 신비가나 묵상가였기 때문에 가능했을 거라고 생각했다. (아마도 그렇게 그들 한 사람 한 사람을 이상화했는지도 모른다.) 나는 그 후로도 아주 오랜 기간 동안 그것을 단지 "독서"로 여기며 기도와 연관시켜 생각하지 못했다.

묵상적 형태의 기도를 지향하는 수도 공동체임을 분명히 하는 세너클 공동체에서 수도 생활을 시작했던 당시에도, 아니 그후 수 년 동안도 나는 매일 정해진 시간에 행하는 "독서"가 내가 생각했던 단순한 "영적 독서"가 아니라, 묵상 기도로 인도하는 렉시오라는 것을 알지 못했다.

그후 나는 렉시오의 기원이 초기 수도원 전통에서부터 시작된 것을 발견했으며, 베네딕트의 규칙에서 확인할 수 있는 것처럼, 6세기까지 거슬러 올라가는 길고도 살아있는 역사를 지니고 있다는 사실을 발견했다. 그 당시에는 수도원이 학문과 영성의 중심지였기 때문에 수도자들뿐 아니라 평신도들에게도 이 기도의 방법이 전해졌다.

그러나 오늘날에는 비록 베네딕트나 트라피스트 시토회 전통을 따르는 특정 수도회에서 렉시오가 독특한 수도적 기도로 수도승 사이에서 이어져오고 있지만, 전반적인 기독교 공동체에서는 그것의 존재, 나아가 우리 기독교인의 삶이 성장하도록 돕는 그것의 영성 형성적 가치에 대한 인식마저 찾아볼 수 없게 되었다. 이것은 엄청난 상실이다. 왜냐하면 렉시오는 그 최종적 결실로서 묵상적인 기도를 더 잘 행할 수 있도록 돕는 일과 직접적인 관련을 가지고 있기 때문이다.

# 특별한 방법이 없는 방법

렉시오의 역동을 설명하면서 명상$^{meditation}$과 묵상$^{contemplation}$이라는 단어를 자주 사용할 것이다. 최근에는 이 두 단어가 종종 애매 모호하게 심지어는 서로 바꿔가며 사용되고 있다. 그래서 이 책에서는 그것들을 어떤 의미로 사용할지 먼저 설명하려고 한다.

**명상**$^{meditation}$은 단어와 사건 등을 기도 충만한 자세로 숙고하고 성찰하면서, 개인적으로 의미나 도덕적인 내용을 찾으려는 산만할 수도 있는 추론의 과정이다. 그것은 근본적으로 은혜에 힘입은 지성과 이성의 활동이다. **묵상**$^{contemplation}$은 하나님 안에서의 "쉼", 하나님을 "사랑스럽게 응시함", "지식을 초월한 지식" 혹은 하나님께로 향한 "완전한 몰입" 등 다양한 단어로 설명할 수 있다. 말로 하려는 이 모든 설명들은 그 실제를 표현하는 일에는 못 미칠 수밖에 없다. 그 이유는 단순하다. 왜냐하면 묵상은 명상에서의 사고$^{thinking}$나 추론뿐 아니라, 정서나 "느낌"도 초월하는 것이기 때문이다. 그것은 근본적으로 순수한 믿음의 기도이며 경험이다.[1]

렉시오는 때론 "특별한 방법이 없는 방법"으로 드려지는 기도라고 불린다. 이것은 방법을 배워서 하는 기도가 아니라는 의미이다. 오히려 그것은 자연스럽게 묵상이라는 목적지를 향해 흘러가는 것에 더 가깝다. 마치 따뜻한 봄이 오면 산을 덮고 있던 눈이 어쩔 수 없이 녹아내려, 산꼭대기로부터 호수와 강으로 흘러 내려가고 결국 바다로 향하는 것과 같다. 이렇듯 렉시오 안에서 단계를 따라 나아간다는 것은 각 단계를 확연히 분리시킬 수 없는 것으로서 최종 단계인 "묵상"에 이르러서야 그 열망하는 목적에 온전히 다다르는 내적인 움직임이다. 그것은 영적으로 세련되고 선택된 소수의 사람들에게만 비법처럼 전해 내려온 방법으로 드리는 기도와는 거리가 먼, 성서를 통해 드러지는 매우 단순하고 자연스러운 기도다. 렉시오가 묵상적 측면 이외에도 이런 좋은 점을 가졌음을 감안할 때, 어떻게 그것이 더 이상 사용되지 않고 잊혀질 수 있었는지 매우 의문스럽다. 이 사실을 설명해 주는 많은 사회적, 역사적 이유들을 찾을 수 있다. 시토회의 수사 신부이며 수도원장인 토마스 키팅<sup>Thomas Keating</sup>은 『마음을 열고 가슴을 열고<sup>Open Mind, Open Heart</sup>』에서 한 장을 할애하여 묵상기도의 역사에 대해 탁월하게 설명하고 있는데, 그 이유에 대해서도 분명하고 구체적으로 제시한다.[2]

## 묵상의 재발견

지난 2,3세기 동안 묵상은 수도원의 규칙 밖에서는 무지의 구름에 가려있었고 오직 종교적 엘리트들에게만 허락된 영역으로 여겨졌다. 결과적으로 교회는 영적인 빈곤을 겪게 되었고, 적어도 부분적으로나마 개선의 책임이 교회에 있음을 인식하게 되었다. 그리고 그 결과 가톨릭 교회 안에서는 제2 바티칸 공의회가 소집되었다.

오늘날에 개선된 중요한 사실은 하나님과의 관계가 성장하길 원하는 고양된 열망이다. 신자들은 예수님께 그리고 그분의 삶과 메시지에 어떻게 더 효과적으로 반응할지를 배우기 원한다. 이 사실은 오늘날 세상에서의 우리의 삶이 얼마나 절박한지를 직접적으로 말해주고 있다. 많은 사람들은 다음과 같은 질문 앞에서 자신의 정체성에 대한 각성을 경험하면서 이런 배움에 대한 절박한 필요성을 다시 깨닫는다. "만약 당신이 기독교인이란 이유로 재판정에 서게 된다면, 당신이 기독교인임을 입증할 증거를 충분히 가지고 있는가?" 우리가 조금이라도 솔직하다면 예수님을 진실되게 따르는 자로, 기독교인이라는 선고를 받기 위해 그 증거가 얼마나 많이 부족한지 인정하게 될 것이다. 종종 사람들은 자신과 세상에 변화가 필요하다는 깨달음을 직관적으로 느끼곤 한다. 이것은 인간적인 방법을 통해서 느낄 수도 있지만, 온전히 하나님께로 열린 마음과 변화시키는 능력을 지닌 그분의 사랑을 향해 마음을 열 때 비로소 느껴지는 것이어야 한다.

다시 말해 많은 사람들이 부르심을 입었다고 느낄 때에, 비록 그 사실을 설명하거나 정의를 내리는 것이 언제나 가능하진 않을 수 있지만, 그 부르심에는 "행동하는 묵상가"가 되어야 한다는 사실이 내포되어 있음을 인정해야 한다. 이것은 오늘을 사는 헌신된 기독교인에게 불가능하거나 이상적인 일은 아니다. 사실 삶의 상태가 어떠하든 다수의 평신도에게 행동하는 묵상가는 새로운 소명이 될 수 있을 것이다. 왜냐하면 "묵상"과 "행동"이라는 두 용어는 상호 배타적인 것이 아니라 상호 보완적인 것이기 때문이다.

토마스 머튼은 이 사실을 "샘과 시냇물"에 견주어 효과적으로 묘사하였다. 만약에 샘물이 생명력이 있고 계속 밖으로 흘러나가지 않는다면 그것은 샘물이 아니라 고여있는 웅덩이에 지나지 않는다. 그리고 만약에 샘의 근원이 막혀버리면 그것은 말라버릴 것이다. 묵상은 생수의 샘이고, 행동은 그 샘에서 흘러나와 다른 곳으로 흘러가는 시냇물이다. 그러나 그 둘은 모두 같은 물이다. 만약 행동이 기도 가운데 그 내적 원천과 맞닿아있지 못하면 결국 썩거나 말라버릴 것이다. 마찬가지로 기도가 행동으로 이어지지 못한다면 생명력 없는 것이 된다. 이것이 묵상과 행동의 통합이다.

예수님은 요한복음 7:37-39에서 이 원리를 비유로 말씀해 주셨다.

> 명절의 가장 중요한 날인 마지막 날에, 예수께서 일어서서 큰소리로 말씀하셨다. "목마른 사람은 다 내게로 와서 마셔라. 나를 믿는 사람은, 성경에 이른 것과 같이, 그의 배heart에서 생수가 강처럼 흘러 나올 것이다." 이것은 예수를 믿은 사람들이 받게 될 성령을 가리켜서 하신 말씀이다.

누가복음 11:13도 이처럼 말한다.

> 너희가 악할지라도, 너희 자녀에게 좋은 것을 줄 줄 알거든, 하물며 하늘에 계신 아버지께서야 구하는 사람에게 성령을 주시지 않겠느냐!

그리스도인은 성령이 주는 선물을 향해 가장 깊은 열망을 드러내게 된다. 그리고 하나님의 사랑이 자신의 삶을 이끄는 원리가 되며 중심이 되도록 마음을 연다. 그런 그리스도인들에게 성령의 선물은 묵상과 행동이라는 "생수"이다.

그들에게 이 선물을 얻고 싶은 마음이 동하며, 처음으로 열망이 움트기 시작할 때 그것마저도 저항하지 않고 기쁘게 받아들이며 순종하려 한다면, 앞으로 계속되는 삶의 방향 전환을 잘 해 나가도록 힘을 더하게 할 것이다.

예수님과 사마리아 여인이 우물 곁에서 우연처럼 만난 한 사건은 이 사실을 보여주는 아름다운 모형이다. 소박하고 평범한, 심지어 평판이 안좋은 한 여인이 아주 일상적인 일을 하는 동안 이 "우연한 만남"을 통해 그분의 말씀을 듣게 된다.

> "네가 하나님의 은사를 알고, 또 너에게 물을 달라는 사람이 누구인지를 알았더라면, 도리어 네가 그에게 청하였을 것이며, 그는 너에게 생수를 주었을 것이다." (요한복음 4:10)

비록 그녀의 말투는 미심쩍고 비웃는 듯 시작되었지만, 결국 그들의 대화는 주님을 "메시아, 곧 그리스도시다"라고 인정하면서 끝을 맺는다.

> "너에게 말하고 있는 내가 그다." (요한복음 4:26)

예수님으로부터 "생수"를 얻은 그녀는,

물동이를 버려 두고 동네로 들어가서, 사람들에게 말하였다. "……와서 보십시오. 그분이 그리스도가 아닐까요?" 사람들이 동네에서 나와서, 예수께로 모여들었다. (요한복음 4:28-30)

사마리아 사람들이 예수께 와서 자기들과 함께 머무르시기를 청하므로, 예수께서 이틀 동안 거기에 머무르셨다. 그래서 더 많은 사람들이 예수의 말씀을 듣고서, 믿었다. 그들은 그 여자에게 말하였다. "우리가 믿는 것은, 이제 그대의 말 때문만은 아니오. 우리가 그 말씀을 직접 들어 보고, 이분이 참으로 세상의 구주이심을 알았기 때문이오." (요한복음 4:40-42)

이처럼, 사마리아의 한 작은 마을에서 아주 일상적인 어느 날 지극히 평범한 사람들이 예수님과 우연한 만남을 경험하면서 그들은 새로운 생명으로 옮겨가게 되었다. 그리고 그 새로운 생명은 세상을 영원히 바꾸었다. 그러나 이 세상에는 "어두움의 권세" 또한 운행하고 있으므로 많은, 훨씬 더 많은 일들을 해야만 하는 것이다. 그리고 오늘날 평신도들에게 열려있는 완전히 새롭고 놀라운 기독교적인 삶과 사역인 심오한 기도 생활과 "하나님을 위해 존재함$^{being-for-God}$"은 적극적으로 그리고 효율적으로 세상 속에서 일하는 것과 손색없이 견줄 수 있는 것이다. 또 다시 토마스 머튼의 말을 인용하겠다.

"지점토에 싸인 다이너마이트처럼 당신의 연약한 육신 속에서 주무시는 그리스도"는 우리들이 삶 가운데 경험하는 모든 투쟁, 고통, 좌절, 실망 그리고 의심과 실패를 완전히 동일하게 겪으신 분이시다. 그뿐 아니라 하나님과 그분의 신실하신 사랑을 향한 우리 인간들의 열망 또한 경험하신 분이다. 그리고 그분이 몸소 인간의 역사 가운데 들어와 사셨던 그 당시의 사람들에게 하셨던 것만큼이나 우리를 향해서도 열심을 품고 사랑과 온전한 신뢰로 그분을 따르도록 가르치시고 인도하신다. 그래서 "누구든지 [주님의] 음성을 듣고 문을 열면 그에게로 들어가 [시려고]" 계속 "문 밖에 서서 두드리신다." (요한계시록 3:20)

## 예수님의 묵상

인성을 가지고 예수님은 당신의 아버지 하나님을 묵상하는 경험을 했다. 그리고 성령님이라는 선물을 통해 우리도 그 경험을 하도록 초대하신다. 그것은 이 세상에 살면서 하나님을 바라보고, 만지고 하나님의 손길을 느끼는, 즉 하나님을 체험하는 직접적 수단인 우리의 믿음과 사랑으로 할 수 있는 것이다.

예수님의 삶 속에서 리드미컬하게 병행해서 행하신 기도와 사역은 마치 들숨과 날숨처럼 고르게 반복되며 행해졌다. 사복음서 모두에서 우리는 예수님의 이러한 기도 습관을 볼 수 있다. 그는 "기도하러 동산으로 가셨다." 그리고 "기도하며 밤을 지새웠다." "새벽 미명에 기도의 처소로 가기 위해 일어나셨다." 이처럼 기도는 그분의 사역과 분리해서 생각할 수 없는 것이다. 오히려 기도는 그분의 가르침과 복음 그리고 사명의 바로 그 원천이었음을 누구라도 간과하지는 못할 것이다. 요한복음의 다음 구절들 안에서 주님이 드린 기도의 묵상적 특성은 잘 드러난다.

> 그러므로 예수께서 그들에게 이르시되 내가 진실로 진실로 너희에게 이르노니 아들이 아버지께서 하시는 일을 보지 않고는 아무 것도 스스로 할 수 없나니 아버지께서 행하시는 그것을 아들도 그와 같이 행하느니라. 아버지께서 아들을 사랑하사 자기가 행하시는 것을 다 아들에게 보이시고 또 그보다 더 큰 일을 보이사 …… (요한복음 5:19-20)

예수께서 대답하여 이르시되 내 교훈은 내 것이 아니요 나를 보내신 이의 것이니라. 사람이 하나님의 뜻을 행하려 하면 이 교훈이 하나님께로부터 왔는지 내가 스스로 말함인지 알리라. (요한복음 7:16-17)

"내가 너희에게 대하여 말하고 판단할 것이 많으나 나를 보내신 이가 참되시매 내가 그에게 들은 그것을 세상에 말하노라" 하시되, 그들은 아버지를 가리켜 말씀하신 줄을 깨닫지 못하더라. 이에 예수께서 이르시되 …… 내가 스스로 아무 것도 하지 아니하고 오직 아버지께서 가르치신 대로 이런 것을 말하는 줄도 알리라. (요한복음 8:26-28)

나는 아버지께서 내게 주신 말씀들을 그들에게 주었사오며…… (요한복음 17:8)

예수님을 따르는 자가 되는 것, 그분께 속하는 것, 그리고 그분의 성령을 받는 것에는 묵상적 경험을 나눌 수 있는 잠재력도 포함된다. 실로 이것은 동일한 아버지의 자녀들이 갖게 되는 권리라 할 수 있을 것이다. 문자 그대로 이것은 믿음의 충만함으로 말미암아 그분을 따르는 사람들을 위한 소통의 "탯줄(생명 줄)"이 될 것이다.

## 최종 목표

그러나 은혜로 말미암아 이같은 예수님의 하나님을 바라본다고 해서 우리가 이웃과의 관계 안에서, 예컨대 인류라는 가족 안에서 하나님을 경험하고 그분을 사랑하며 섬기는 일을 잊어도 된다고 말할 수는 없다. 더구나 우리는 일상의 삶과 역사적, 사회적 사건들 속에서 마주하는 현실 가운데 계신 하나님의 임재를 인식하고 그에 반응하여야 한다. 그러나 이것은 여전히 하나님과의 경험적 접촉일 뿐이고 우리는 근본적으로 이것을 위해 창조된 존재가 아니다. 비록 그것이 제 아무리 숭고한 것일지라도 우리는 하나님 이외의 다른 어떤 것을 위해서 창조된 존재가 아니다. 우리는 하나님, 그분 자체를 위해 지어졌다. 그러나 묵상기도는 우리에게 하나님을 잠시 동안 "볼 수 있는 순간"을 열어준다. 구약 성서에서는 "아무도 하나님을 뵙고 살 수 없다"고 말한다. 그러나 이 책의 문맥을 따라 이해하자면 하나님을 직접 뵙고는 "그전에 환상 속에서 살았던 것처럼" 살 수 없다고 말할 수 있을 것이다. 하나님 경험은 우리 안에서 사랑의 대폭발을 일으켜 우리를 깨울 수 있다. 그리고 그 일로 인해 우리는 영원히 떠돌이처럼 느끼며 그분께서 계신 집에 머물 수 있기를 끊임없이 갈망하게 될 것이다. 이것을 바울은 고린도후서에서 다음과 같이 아름답게 전한다.

> 이것을 우리에게 이루게 하시고 보증으로 성령을 우리에게 주신 이는 하나님이시니라. 그러므로 우리가 항상 담대하여 몸으로 있을 때에는 주와 따로 있는 줄을 아노니. 이는 우리가 믿음으로 행하고 보는 것으로 행하지 아니함이로라. 우리가 담대하여 원하는 바는 차라리 몸을 떠나 주와 함께 있는 그것이라.
> (고린도후서 5:1-9)

이 모든 것은 은혜다. 그러나 본회퍼Diethich Bonhoeffer의 말을 빌리자면 결코 값싼 은혜는 아니다. 우리가 묵상기도를 향해 마음이 열리고 그 선물을 받기 위해 준비를 하는 것은 하나님을 뵙고자 하는, 그리고 사랑 안에서 그분과 하나가 되고 싶어하는 이미 주어진 열망에 응답하는 것이다. 그러나 이 열망은 그 성취에 있어 가장 으뜸가는 장애물인 자기주도성을 포기하는 일, 즉 스스로를 이끌고 가려는 자기를 비우는 고통스러운 길로 우리를 들어서게 한다. 마이스터 엑크하르트Meister Eckhart의 말처럼 우리 앞에 놓인 과제는 무엇인가를 더하는 것이 아니다. 오히려 빼는 일이 우리에게 훨씬 더 필요한 일이다. 우리가 스스로에게 마음을 빼앗기고 있음은 쉽게 깨달을 수 있다.

연인을 찾고 있는 사람에 대한 다음의 한 짧은 고대 우화가 이것을 잔잔하게 설명한다. 그는 문을 두드렸다. 그러자 "누군가요?Who's this?"라는 소리가 들려왔다. 그는 답했다. "나예요." 그러나 "죄송하지만 여기에는 당신과 내가 함께 누울 수 있는 넓은 방이 없어요"라는 소리가 다시 들렸다. 그는 실망해서 마을에서 떨어진 숲으로 들어가 지냈다. 그리고 수 개월 동안을 문 앞에서 들은 소리에 대해 곱씹어 생각했다. 그리고 어느 날 다시 마을로 돌아와 문을 두드렸다. "누군가요?Who's this?"라는 같은 질문이 들렸다. 그는 답했다. "그대가 있어요." 그러자 문이 열리고 그는 영접을 받았.

"나"에서 "그대"로 바뀌는 일은 실제로 죽음과도 같은 것임을 이 우화는 말하고 있다. 우리가 방어를 멈추고 예수님의 말씀을 진정으로 들을 수 있을 때 비로소 주님을 따르기 위해서는 자신을 "부인하고" "포기하며", 그분을 위해 심지어 우리의 생명을 "미워하거나" "잃어버릴" 수 있어야 한다는 그분의 명령과도 같은 가르침의 심각성을 깨닫기 시작한다. 그리고 평소와 달리 내면의 모순을 느끼기 시작하고, 지금 우리가 가장 갈망하는 것이 무엇인지, 가장 저항하고 심지어 두려워하는 것은 무엇인지 인식하기 시작한다. 본능적으로 우리는 이러한 예수님의 말씀은 흘려 보내고, 위로가 되는 것들을 더 잘 받아들이려고 한다.

그러나 이것이 예수님의 핵심적 가르침이라는 사실을 부인할 수는 없다. 공관 복음서에서는, 물론 조금씩 달리 표현되긴 하지만, "십자가의 교리" 혹은 "그리스도를 따르는 조건"이라는 부제목을 적어도 여섯 번 볼 수 있다.[3] 그것들은 다음과 같은 내용을 기본적으로 담고 있다.

> 또 무리에게 이르시되 아무든지 나를 따라오려거든 자기를 부인하고 날마다 제 십자가를 지고 나를 따를 것이니라. 누구든지 제 목숨을 구원하고자 하면 잃을 것이요 누구든지 나를 위하여 제 목숨을 잃으면 구원하리라. (누가복음 9:23-24)

이것은 참 역설적이다. 주님께서는 우리에게 생명을 주시려고, 그것도 충만하게 주시려고 오셨다고 말씀하셨다. 그리고 우리가 기쁨으로 충만하기를 원하시는 분도 바로 그 주님 아니신가?[4] 그러나 위의 성경 구절에서 주님은 "모든 사람" 그리고 "누구라도" 자신의 생명을 부인하고 잃어야 한다고 말씀하신다.

두 가지의 상반된 듯한 말씀 중에서 어느 것이 진짜 그분의 말씀일까? 이 질문에 대한 대답은 기독교 영성과 기도에 있어 심장과도 같은 근본적인 것이므로, 충분히 더 탐색해야 할 필요가 있을 것이다.

## Notes

1. 명상과 묵상이란 단어를 사용하는 일은 근래에 동양의 명상 방법들이 기독교 영성 훈련의 장에 유입되어 혼용되면서부터 더 구별하기 힘들고, 이전보다 훨씬 더 혼돈스러워졌다. 이런 방법들은 잘 개발된 심리적 도구들이나 영성 훈련과 더불어 우리의 전통을 더 풍요롭게 한다. 그러나 동양의 명상은 묵상과 비슷한 점을 분명히 가지고 있지만, 기본적으로 서로 구분된다. 그리고 동서양 모두에서 일반적으로 명상이라 일컬어지고 묵상으로 사용되지는 않는다. 그러나 렉시오에서는 명상과 묵상 두 단어는 분명히 구분해서 사용한다.
2. 토마스 키팅, 『마음을 열고 가슴을 열고』(Amity, NY; Amity House, 1986) 제3장 복음서의 묵상적 영역; 키팅 신부는 향심기도 보급 운동의 가장 대표적 인물이다. 앞으로 더 설명하겠지만 향심기도는 렉시오와 직접적으로 관련되어 있다.
3. 마태복음 10:38-39; 16:24-25; 마가복음 8:34-35; 누가복음 9:23-24; 14:26-27; 17:33.
4. 요한복음 10:10; 15:11; 16:24.

# CHAPTER 2

# 살기 위해 죽기: 역설을 풀다

Dying To Live: Resolving the Paradox

지난 수 년간 다양한 청중들에게 영성에 관한 많은 강연을 해오면서 나는 로마서 7장을 인용할 때마다 동시에 많은 사람들이 고개를 끄덕이며 동의하고 즉각적인 공감을 표시하게 될 것임을 예측할 수 있게 되었다.

> 내가 행하는 것을 내가 알지 못하노니 곧 내가 원하는 것은 행하지 아니하고 도리어 미워하는 것을 행함이라…… 원함은 내게 있으나 선을 행하는 것은 없노라. 내가 원하는 바 선은 행하지 아니하고 도리어 원하지 아니하는 바 악을 행하는도다. (로마서 7:15, 18하-19)

바울에 의해 잘 표현된 인간적 딜레마에 대해 우리가 변함

없이 그리고 보편적으로 공감적 반응을 표하는 것은 틀림없이 우리 인간의 공통된 시작, 즉 우리의 "타락한" 인간 본성 혹은 문자 그대로 이 세상 역사가 시작된 기원부터 "원래의" 죄가 있음을 가리킨다.

창세기는 이 죄를 아름답게 단순화시켜 뱀의 고전적인 유혹의 말로 그려낸다. "너는 하나님과 같아질 것이다 You will be like gods."(창세기 3:5) 이 유혹에 대한 인간의 동의가 아무리 비밀스럽게 이루어졌다 하더라도, 인류의 유산 속에서 드러난 결과들은 처절하도록 분명하다. 이 상대적 전능에 대한 환상은 비록 그것이 개인의 의식적 선택이 아닐지라도 우리를 하나님으로부터 그리고 다른 사람들로부터 그리고 우리 자신의 내면 속 자기로부터도 소외되도록 한다. 이와 같은 거짓 전능의 결과로 우리는 창조 세계로부터도 소외되고 있다. 이것은 다양한 방법으로 행해지고 있으며, 계속 확산되고 있는 환경파괴가 그것을 증거하고 있다.

## 참 자기와 거짓 자기

우리 각 사람들에게서 이 소외됨의 결과는 심리학이나 신학 모두가 인정하듯이 정체성의 혼란이라 말할 수 있다. 토마스 머튼은 이것에 많은 관심을 두었으며 이것을 그의 영성의 중심 개념으로 삼고, 참 자기와 거짓 자기를 관련 주제로 삼아 많은 글을 썼다. 그의 집필 초기인 1956년에 발간된 『고요한 삶$^{The\ Silent\ Life}$』에서 발췌한 글이다.

> ······ 우리 아버지 하나님께서 우리를 자유롭게 만드셨지만, 결코 우리를 전능하게 만드신 것은 아니다. 우리는 완전한 진리 안에서 하나님께로부터 대가를 지불할 필요도 없는 은혜라는 온전한 선물을 받으면서, 그리고 그의 사랑과 육화된 말씀이신 그리스도 안에서 누리는 자유로 말미암아 완전하게 하나님처럼$^{godlike}$ 될 수는 있다. 그러나 우리가 은연 중에라도 자신이 전능해야만 한다는 신념을 갖게 된다면, 우리는 자신의 것이 아닌 하나님의 것, 즉 그분과의 유사성을 횡령하는 것이 된다. 원죄로 인해 우리의 본성 가운데 깊이 박혀있는 "하나님과 같아지려는" 욕망을 가지고 우리는 갖고 싶은 모든 것을 취하고, 원하는 모든 것을 즐기고, 모든 소원이 충족되고, 우리의 의지가 좌절되거나 반대에 부딪히는 일 없이 요구하는 대로 이루어지는 권력, 즉 상대적인 전능을 추구한다. 이 욕구는 모든 사람이 우리의 결정에 순복하고 우리의 말을 법처럼 받아들이길 원하는 것이다. 이것은 우리가 스스로에게 실망하는 일을 피하기 위해 간절히 원하는 탁월함과 그것을 인정받고 싶은 결코 채워질 수

없는 갈망이기도 하다. 우리의 가장 깊은 곳에 감춰진 비밀이며 가장 깊숙이 자리한 수치심인 이러한 전능에 대한 욕구는 실제로 우리의 모든 슬픔과 불행, 불만족 그리고 우리의 모든 실수와 기만의 원천이다. 그것은 근본적인 오류이다.[1]

그리고 더 나아가서

신적인 능력에 대한 우리의 비현실적인 집착을 수용할만한 "정상적"인 것으로 받아들일 수 있게 만드는 많은 방법들이 있다. 예를 들어 우리는 자만하는 독재자 부모, 혹은 회한에 빠져 계속 요구하는 순교자 부모일 수 있다. 그래서 가학적이며 강압적인 윗사람이 되거나 잔소리하는 완벽주의자가 될 수 있다. 혹은 광대나 저돌적인 혹은 방탕한 사람이 될 수도 있으며, 강경한 보수주의자나 저돌적인 자유주의자가 될 수도 있다. 또한 은둔자 혹은 선동가가 될 수 있다. 어떤 사람들은 신성에 대한 갈망을 다른 모든 사람들의 일을 아는 것으로 만족시키려 하고, 어떤 사람은 이웃을 판단하거나 할 일을 지시하면서 만족을 얻기도 한다. 놀랍게도 어떤 이들은 이 깊게 숨겨진 영혼의 불결함, 즉 인간의 교만을 만족시키려는 이러한 비의식적 행위들을 통해 심지어는 성화$^{sanctification}$와 종교적 완벽을 추구하기도 한다.[2]

이러한 부정적 행동의 요인들이 언제나 드러나는 것은 아니지만 우리 모두의 그림자 안에는 이것들이 숨어있다. 거의 태어나는 순간부터 자아, 혹은 거짓 자기는 그 자체를 상대적인 것이 아닌 절대적인 것으로 받아들인다. 융학파의 에드워드 에딩거Edward Edinger는 유아들이 "신성에 대해 내재적으로 인식하고 있다"고 말한다.[3] 우리가 어머니의 자궁 밖 세상 속으로 나오면서부터 거의 즉각적으로 경험하기 시작하는 현실적 인식은 우리가 우주의 중심이라는 환상을 확신하도록 만든다. 아기가 울면 엄마는 위로해준다. 배고프면 젖을 준다. 아기의 모든 요구들은 바로 생존과 성장으로 이어지기 때문에 모든 것이 주어지며 아기에게 요구되는 것은 없다.

이 상태는 비교적 짧은 기간 지속된다. 비록 인간이 다른 종들보다 가장 긴 의존의 기간을 보내지만, 그럼에도 불구하고 기대와 요구하는 바가 다른 "우주의 중심"과 충돌하면 그 환상은 곧 도전을 받게 된다. 그러면서 그 환상을 보호하고 유지하기 위한 방어기제를 구축하는 기나긴 과정이 시작되는 것이다. 때론 다른 사람들을 거칠게 대하면서 "내 식대로 행하려고" 빗나간, 그러면서도 정교한 방법을 찾기도 한다.

이 초기 조건화로 이기적인 요구와 열망을 만족시키려는 성향은 좀 더 요새화된다. 그리고 다른 사람들이 우리의 제한된 세계로 들어오거나 우리에게 뭔가를 요구할 때, 우리는 그들의 도전이나 위협에 맞서서 공격, 방어, 그리고 자신의 권리 주장을 강화시킨다. "일등이 되기 위해 경계를 늦추지 말자!" 이것이 우리의 내재적이고도 본능적인 좌우명이다. 이것은 자기 주도성을 좀더 명백하게 표현하는 것이다. 이와 반대편에 서 있는 유약하고 자기 주장을 하지 못하고 "타인을 기쁘게 하려는 사람"도 비록 겉으로 명백하게 드러내지는 않지만 "자기 유익의 추구"라는 동일한 역동을 따라 행동하는 것이다.

이같은 자기중심적 태도는 기본적으로 하나님 중심 그리고 타인 중심과는 정반대의 것이고, 결국은 우리 존재의 원천이며 의미인 사랑에 대한 저항인 것이다. 회개를 "자신의 중심이 바뀌는 것"이라고 설명하는 것도 이런 이유 때문일 것이다. 자기애적으로 자신을 사랑하고 섬기는 일로부터 자기를 주는 사랑과 하나님과 타인을 섬기는 일로 돌아서는 것이 회개다. 다시 말해 진정한 우리가 되기 시작하는 것, 우리의 참 자기, 즉 사랑이신 하나님의 형상으로 되어가는 것이다.

## 어쩔 수 없는 인간의 죄악성

인간의 죄악성을 우리는 환상적 자기와 같은 것으로 설명했다. 이것은 아직 발견되지 않았거나 받아들이지 않은 참 자기의 선함이나 아름다움과는 상반된 것이다. 그렇다면 이와 관련해서 약간의 의문이 드는 것이 있다. 우리는 "빈약한 자기 이미지"에 대해 많이 듣기도 하고 경험도 한다. 『만약 당신이 정말로 나를 알게 된다면, 그 때에도 여전히 날 좋아할 수 있을까요?』[4]와 같은 제목을 가지고 있는 책들이 잘 팔리고 있는 현실이다. 그것들은 우리가 고통스럽게 수용하고 있는 영역을 다루고 있다.

자신의 한계를 받아들이지 않고 오히려 전적인 자기 주도권을 요구하는 표면적 자기의 왜곡된 환상은 우리의 가장 깊은 중심, 우리가 하나님을 만나는 터전인 참 자기와 아직 구분하지 못하고 표면적 자기를 우리 자신의 진정한 정체성으로 받아들이는 데서 비롯된다. 그런데 하나님께서는 우리가 기도할 때 바로 이 가장 깊은 중심으로 우리를 데리고 가신다. 거기서 하나님은 우리가 성취한 것이 아닌, 우리에게 이미 주어진 것을 요구하실 것이다. (누가 당신을 이렇게 중요한 사람으로 만들었는가? 당신이 갖고 있는 것들 가운데 주어진 것이 아닌 것이 있는가? 만약 그것들이 주어진 것이라면, 당신은 왜 마치 그것들이 당신 것인 양 우쭐대는가?)

> 누가 너를 남달리 구별하였느냐. 네게 있는 것 중에 받지 아니한 것이 무엇이냐. 네가 받았은즉 어찌하여 받지 아니한 것 같이 자랑하느냐. (고린도전서 4:7)

바울은 로마서 7장 초반 절에서 불편함$^{dis-ease}$, 불행 그리고 좌절을 가져오는 이 환상에 대해 설명한다.

> 그러므로 내가 한 법을 깨달았노니 곧 선을 행하기 원하는 나에게 악이 함께 있는 것이로다. 내 속 사람으로는 하나님의 법을 즐거워하되 내 지체 속에서 한 다른 법이 내 마음의 법과 싸워 내 지체 속에 있는 죄의 법으로 나를 사로잡는 것을 보는도다. 오호라 나는 곤고한 사람이로다. 이 사망의 몸에서 누가 나를 건져내랴. (로마서 7:21-24)

거짓 자기는 감옥이다. 참 자기와 하나님께 다다르기 위해서는 그곳으로부터 도망쳐 나와야 한다. "내가 그분을 발견하면 나 자신을 발견하는 것이 되고, 나 자신을 발견하면 그분을 발견하게 될 것이다."[5]

바울은 결국 "누가 나를 건져낼 것인가?"라는 자신의 질문에 스스로 답한다.

> 하나님, 우리 주 예수 그리스도로 말미암아 감사하리로다.
> (로마서 7:25)

원칙적으로 이것은 너무도 흠잡을 데 없는 명백한 답변이다. 그러나 바울이 묘사한 싸움이 우리 안에서 계속되는 것은 강한 저항이 올라오기 때문일 것이다. 우리는 적어도 두려움 때문에 삶의 방향을 바꾸거나 스스로 좌지우지하려는 조종 칸의 가장 중요한 위치에서 내려와야만 한다는 패배적 시각으로 이것을 받아들일 것이 아니라 오히려 다음의 고백을 할 수 있어야 할 것이다.

> 하나님은 그저 좋으신 분은 아니다.
> 하나님은 마음씨 좋은 아저씨가 아니다.
> 하나님은 지진이시다.[6]

우리는 계속해서 스스로 안정을 찾으려고 한다. 그래서 무모할 정도의 근본적인 신뢰를 보일 수가 없는 것이다. 그리고 다른 사람들뿐 아니라 심지어 하나님께도 우리를 완전히 내어 맡기질 못한다. 유대 하시디즘의 글을 인용하겠다.

가난한 자가 하나님께 의지하기란 얼마나 쉬운 일인가! 그분 이외에 무엇을 의지할 수 있겠는가? 그리고 부자가 하나님을 의지하기란 얼마나 어려운가! 그의 모든 소유물들이 그를 향해 소리친다. "우리를 의지하세요!"[7]

우리의 부나 소유물이 물질적인 것뿐 아니라 심리적인 것과 영적인 것까지도 모두 포함한다는 사실은 언급할 필요가 없을 것이다.

우리가 하나님을 신뢰해야 한다는 사실을 분명하게 알고 있으면서도, 우리는 선택하고, 살아가는 모든 방식에 있어 습관적으로 혹은 은연중에 자기 주도성에 근거해서 행동한다. 우리가 "통제할 수 없는" 어떤 상황에 빠진다는 것은 아마도 대부분의 사람들에게는 가장 위협적인 일, 아니면 적어도 미래에 대한 불안함으로 받아들여질 것이다. 통제할 수 있기 위해서 방어적이 되려 하거나, 자기를 보호하려는 욕구는 주요한 삶의 문제에서만 발견되는 것이 아니다. 그것은 삶의 경험들 전반에 퍼져있음을 알 수 있다. 모든 것을 통제하려는 태도는 심지어 가장 일상적인 하루하루의 삶의 사건들 속에서 조차 드러나지 않게 퍼져있다. 다음과 같은 일레인 프레발레Elaine Prevallet의 진솔한 자기 성찰은 우리 모두가

재고의 여지없이 인정할 수 밖에 없는 놀랍도록 "평상적인" 예가 될 것이다.

단순하고도 평안한 내 자신의 삶을 그려보라고 하면 나는 잘 정돈된 방이나 책상과 같이 모든 것이 제자리에 있는 그림을 그릴 것이다. 나는 우아하고 기품있게 한 가지 과제에서 다른 과제로 정확하게 일정에 따라, 그러나 긴장하거나 압박감은 느끼지 않으면서 차례대로 진행해 갈 것이다. 그리고 일정이나 과제들은 완벽하게 정해진 시간에 맞추어 실행한다. 모든 것이 단지 있어야 할 자리에 있을 수만 있다면! 나는 이런 바램이 아주 소박하고도 쉬운 것 아닌가 하고 자문한다.

그러나 삶은 복잡하게 꼬여있기 마련이다. 사람들이 제자리에 머물러 있지 않기 때문이다. 그들은 예측할 수 없으며, 내 스케줄을 망치고 내 일을 방해하며 내가 미처 계산하지 못했던 요구들을 한다. 세상이 복잡한 것은 너무 할 일이 많아서이다. 너무 많은 과제들, 필요들, 그리고 너무 많은 일들이 진행되고 있다. 나는 그 모든 것들에 보조를 맞출 수가 없다. 언제나 나는 한두 발자국 뒤에서 따라간다. 해야만 하는 모든 일들을 나는 다 할 수가 없다. 그것들은 무거운 짐처럼 여겨지고, 때론 내 능력이 무척 제한되어 있음으로 인해 죄책감을 느낀다. 그리고 때론 내가 잘못하고 있다고 생각한다. 그래서 만약에 잘 할 수 있는 방법만 알 수 있다면 모든 사람들의 필요를 충족시켜 줄 수 있었을 것이라고 생각한다. 삶이 복잡한 또 하나의 이유는 내게 결코 충분한 시간이 주어지지 않았기 때문이다. 시간을 배분하면서 통제하고, 또 그것을 정복하려는 나의 불안 가운데 나는 희생물로 여겨진다. 나는 시간을 발견find할 수도, 여유를 가질take 수도 시간을 낼get 수도 없다. 이때 쓰이는 모든 동사들은 통제를 의미한다.

대부분의 경우 나는 좌절하고 있는 나 자신을 발견한다. 나의 삶은 통제 불가능하다. 그러나 나는 내 삶과, 모든 요인들 그리고 상황들, 또한 그것들을 복잡하게 만드는 사람들을 통제할 수 있기를 원한다. 나는 그 모든 것들 위에 스스로 올라서서 군림하려고 한다. 그래서 내 의도에 복종시키고 나의 패턴대로 움직이길 원한다. 내가 의도한 일정이 있고 그것은 간섭과 방해를 받아서는 안 되는 것이다. 나는 내 하루를 만들고 그것을 하나님께 드린다.

내가 그린 이 그림은 뭔가 잘못되어 있다. 돌아보면 내가 경험했던 혹은 떠올릴 수 있는 정돈된 삶의 여정에서는 모든 것들이 리듬을 타고 움직였던 것 같다. 오직 하나의 그 의도THE ONE AGENDA가 있고 나는 그것을 따른다. 그러나 그것은 내가 창조한 것이 아니다. 그래서 나는 통제에 관해 걱정할 필요가 없다. 일이 제대로 되지 않을까 봐 불안해 할 필요도 없다. 내가 진두

지휘를 하는 것이 아니다. 또 굳이 그럴 필요도 없다…… 내가 의도했던 여느 계획들과 마찬가지로 방해가 되는 것들은 여전히 한 장면 속에 존재한다. 그러나 모든 것이 달라보이게 만드는 것은 단지 하나님께서 매일 하루를 내게 부여하고, 그 하루 동안 행할 프로그램 또한 주어지는 것이다. 이것이 차이점이다.[8]

## 자기를 복종시킴

그러므로 변증은 계속된다. 사랑의 삶으로 변화할 수 있다고 예견할 때 우리는 최종적인 진리를 알게 되고 그곳으로 이끌린다. 최종적 진리란 온전한 자기 주도권을 요구하는 거짓 자기를 포기하는 과정 가운데, 그리고 사랑이 내 삶을 움직이는 핵심 역동으로 작용할 때 그 변화가 일어난다는 것이다. 그때 나의 참 자기는 가장 온전하게 실현될 것이다. 그러나 이것은 본능적으로 자신이 원하는 방향을 선택하는 것과는 정반대의 길로 나를 데리고 가는 삶이며, 결국 예수님을 따르는 삶이다. 그것은 사랑 안에서 자기를 내려놓는, 즉 자기라는 중심으로부터 멀리 떨어진 곳으로 "자신의 중심을 바꾸는" 일이다. 이것은 그분을 위해 "자신을 버릴" 때만 내가 누구인지 발견하며, 나의 진정한 정체성을 소유할 수 있다는 예수님의 말씀이 정확하게 의미하는 것이다.

영어를 사용하는 대부분의 사람들에게 "자기를 복종시킴"이라는 단어는 거의 전적으로 부정적인 의미를 지닌다. 그들은 포기, 일종의 패배, 굴복 혹은 항복이란 뜻으로 받아들인다. 그러나 이 단어의 프랑스어 동의어는 전혀 다른 의미를 갖는다. 내가 속한 수도회를 설립한 데레사 꾸데르크[9] Therese Couderc는 자기를 내려놓는 것에 관한 소논문인 프랑스어 제목의 "Se Livrer"(자기를 내어 맡김)라는 글을 수도회의 유산으로 남겼다. 이 단어는 "자신을 양도하다 혹은 넘겨주다"라는, 보다 더 긍정적인 의미로 사용된다. 이것은 자유롭게 선택하는 사랑의 행위이다. 또한 이것은 자기를 바침으로 온전히 하나님께로 돌아서는 회심의 축이다.

이렇게 자기를 내려놓는 일을 촉발하고 가능하게 만드는 것은 바로 이런 나의 삶과 존재를 사랑의 선물로 받아들이는 실제적 인식이다. 그리고 이 인식은 지식을 넘어서는 "알아 감"의 과정인 묵상 기도 안에서 체험적인 지식으로 바뀐다. 그것은 은혜를 입은 사랑의 지식이다. 은혜로 말미암는 무조건적인 사랑만이 자기를 복종시키도록 만들 수 있다. 그것은 유일하신 분, 인간이 되신 하나님의 무조건적인 사랑을 체험하는 것이기 때문이다. 이것을 다니엘 베리건Daniel Berrigan은 기쁨으로 다음과 같이 말한다. "모든 것, 모든 것이 선물이다. 그것을 나눠주라! 그것을 나눠주라!"

우리가 지금까지 말하고 있는 내용의 요점은 "사랑에 빠지라"는 것이다.[10] 예수님의 삶과 가르침이 주는 피할 수 없는 메시지는, 우리가 삶에서 자기 성취를 이룰 유일한 길은 사랑 안에서 오히려 자기를 버림으로 말미암는다는 사실이다. 그리고 그것은 그분의 삶과 사랑을 친밀한 관계를 통해 알게 되고, 기도 안에서 체험적으로 배우게 된다. 14세기의 신비가인 노리치의 줄리안(Julian of Norwich)이 말한 "사랑이 그분의 의도다"라는 의미를 이해하기 시작하는 것이다.[11]

이러한 말들을 지적으로 이해하는 것 그 자체로는 우리를 바꿀 수 있는 힘이 없다. 이런 진리를 마음으로 받아들이는 일, 진리가 우리를 품는 일은 무엇보다도 묵상이라는 체험적 믿음 안에서 일어난다. 그때에 우리는 예수님을 따르는 삶 속에서 그것을 시작할 수 있다. 그리고 주님께서 그러셨듯이 우리 자신의 마음 깊은 곳, 그 중심에서 사랑하시는 하나님을 발견한다.

## 역설을 풀다

이제 "십자가의 교리"라는 예수님의 역설로 돌아가 보겠다. 앞에서 통찰한 내용인 죽음과 부활이라는 유월절의 신비가 어떻게 다른 영역 안에서도 드러나는지 보도록 하자. 앞에서 인용한 인간의 전적인 죄성을 말하는 본문들의 내용을 함축한 전형적인 예는 다음의 구절일 것이다.

> 그때에 예수께서는 제자들에게 말씀하셨다. "누구든지 나를 따라오려거든, 자기를 부인하고 제 십자가를 지고 나를 따라오라. 누구든지 제 목숨을 구하고자 하는 사람은 잃을 것이요, 누구든지 나를 위하여 제 목숨을 잃는 사람은 찾을 것이다. (마태복음 16:24-25)

그러나 마태복음 10:38-39의 NAB번역본은 이 가르침에 대해 전혀 다른 시각으로 바라봄을 알 수 있다.

> 또 자기 십자가를 지고 나를 따르려 하지 않는 사람을 나는 귀하게 여기지 않는다. 오직 자기 자신만을 추구하는 사람은 파멸할 것이요, 반면 나를 위하여 자신이 아무것도 아니라고 여기는 사람은 자신이 누구인지 발견하게 될 것이다.

인간의 발달 과정에 비추어서, 우리는 38절을 다음과 같이 바꾸어 말할 수도 있을 것이다.

환상적인 거짓 자기만을 추구하는 사람은 자신의 참 자기를 멸망에 이르게 한다. 그러나 나를 위해 거짓 자기를 헛된 것으로 여기는 사람은 진정으로 자기가 누구인지 알게 될 것이다. 하나님의 이미지인 참 자기를 알게 될 것이다.

토마스 머튼Thomas Merton은 이런 예수님의 가르침을 자신의 말로 바꾸어 다음과 같이 설명한다.

내 자신이 되기 위해서 나는 항상 내가 되고 싶어 하는 것이 되야 한다는 생각을 멈춰야만 한다. 그리고 내 자신을 발견하기 위해선 나를 벗어나야 하며, 살기 위해서는 죽어야만 한다.[12]

그가 다음과 같이 말한 것은 놀라운 일이 아니다. "성령님과 친해지고 싶다는 생각을 한다면 당신은 신중해야 한다. 왜냐하면 그분은 당신에게 죽음을 요구할 것이기 때문이다." 그는 여기서 하나님께로 나아가는데 방해물이 되는, 그리고 우리들의 모든 회한의 원천인 거짓 자기라는 환상의 죽음을 말했던 것이다. 기도 가운데 점진적으로 드러나는 참 자기는 "인간의 모습으로 사랑이 되도록" 창조된 자기이다.[13]

"사랑이 되는 것", 이것은 예수님의 가르침을 집약한 것이고 그것의 본질적 핵심이며, 우리가 최종적으로 성취해야 할 것이다: "눈으로 보지 못하고, 귀로 듣지 못하고, 사람의 마음에 떠오르지 않은 것들을 하나님께서는 자기를 사랑하는 사람들에게 마련해 주셨다." (고린도전서 2:9)

## Notes

1. Thomas Merton, 『*The Silent Life*』(New York: Farrar, Straus & Giroux, 4판 인쇄 1978), pp. 14-15.
2. 앞의 책, p. 16.
3. E. Edinger, 『*Ego and Archetype*』(Penguin Pelican, 1973), p. 7.
4. Eugene Kennedy, 『*If you Really Knew Me, Would You Still Like Me?*』(Argus Communications, 1975).
5. Thomas Merton, 『*New Seeds of Contemplation*』(New York: New Directions Publishing House, 1972), p. 36.
6. 출처 미상, 유대 하시디즘의 글.
7. Martin Buber, 『*Tales of the Hasidism, Later Masters*』(New York, 1947), p. 92.
8. Elaine M. Prevallet, 『*Reflection on Simplicity*』(Pendle Hill, Pa: Pendle Hill Publications, 1982), pp. 3-4.
9. 1805-1885; 1826년 프랑스에서 여성의 묵상과 피정을 지도하는 다락방 성모회를 세웠다. 국제 수도 공동체의 하나로 주된 은사와 사역은 "믿음을 일깨우고 심화시키는 것"이다.

**10**  『Method in Theology』에서 (London: Darton, Longman & Todd, 1972) Bernard Lonergan은 종교적 회심을 "세속적이지 않은 사랑에 빠짐" 그리고 "전적으로 그리고 영원히 자기를 굴복시킴"이라고 설명한다.

**11**  『The Revelation of Divine Love of Julian of Norwich』, James Walsh 번역 (St Meinrad, Ind.: Abbey Press, 1975), Ch. 86, p. 209.

**12**  『New Seed of Contemplation』, 앞에서 인용, p. 47.

**13**  Brian Swimme, 『The Universe Is a Green Dragon: A Cosmic Creation Story』, (Santa Fe, NM: Bear & Co., Inc., 1973), p. 40.

# CHAPTER 3

# 인간 관계를 깊이 있게 함

The Deepening of an Interpersonal Relationship

내가 알고 있는 한, 어느 누구도 사랑에 빠지게 하는 방법을 제시한 적이 없다. 그렇지만 그 일은 저절로 일어나는 것 또한 아니다. 거기에는 분명한, 그러나 처음 시작할 때는 그것이 어떻게 발달해 갈지 알 수 없는 선행적 조건들이 있다. 연애 소설, TV 연속극 혹은 광고 영상들과 달리 사랑은 한눈에 반해서 즉각적으로 벌어지는 마술과 같은 것이 아니다. 사랑하면서 치워버려야 할 것도 있고, 주춧돌 같은 토대도 그리고 키워가야 할 것들도 있다. 그래서 "모르는 것을 사랑할 수 없다"는 보편적 원칙을 따라 처음에는 친해지는 것으로 시작한다.

그렇지만 다른 사람을 알게 되는 것은 단지 시작 단계일

뿐이다. 그리고 우리가 처음에 가졌던 소망은 환멸로 끝이 날 수도 있다. 그러나 우리가 서로를 알아가는 과정에서 초기에 드러나는 사실들에 대해서는 저항하고, 자신이 가지고 있는 소망에 대해서는 집착하려는 경향이 있다는 사실을 부인할 수 없기에 가야 할 길은 아직 멀다고 볼 수 있다. 그러나 그 멀고 먼 길의 끝에서 우리는 신비하고도 놀라운 생각과 감정 그리고 가장 심오한 의미를 일컫는 영혼의 연합, 즉 우리가 사랑이라고 부르는 곳에 다다르게 된다.

### 사랑 안에 존재함

사람은 사랑 안에 존재할 때 위대한 자기 희생과 자기를 포기하는 일을 할 수 있다. 그리고 놀라운 일은 그것을 의무적으로 해야만 할 일들로 여기기 보다는 이 세상에서 가장 자연스러운 일로 여겨서 오히려 그렇게 하지 않는 것을 고통스럽게 여긴다는 사실이다. 나는 그 이유를 앞서 설명한 회심의 역동과 같은 것으로 설명하고 싶다. 사랑하면서 개인의 중심축이 바뀌고 있는 것이다. 개인의 삶의 중심이 그가 사랑하는 사람으로 바뀐 것이다.

나는 나보다 8살 위인 오빠에게 결혼할 상대 여성이 나타

낫을 때 그가 취했던 이상한 행동들을 기억한다. 그들은 둘 다 졸업반이었는데, 오빠는 항상 무슨 생각에 빠져있는 듯 했고, 집에서 지내는 시간은 점점 줄어들었다. 옷차림도 달라졌고 전혀 다른 사람으로 보였다. 학교에서 돌아오는 시간은 점점 늦어졌고, 데이트가 있을 때는 더 늦게 들어왔다. 아버지의 사업 때문에 일주일에 단 한 번 네 식구가 함께 모여 식사하는 주일 저녁식사 시간에도 랄프는 후식도 먹지 않고 의자를 뒤로 빼며 "저 먼저 실례하겠습니다"라고 말하곤 했다. 그러면 아버지는 잘 알고 계시면서도 "어딜 가려고 하니?"하고 물었다.

우리 모두는 이 상황이 어떻게 발전해 나갈지 이후의 과정들을 잘 알고 있다. 우리 가족은 오빠의 여자친구를 만났다. 그리고 양가의 가족들은 만나서 함께 휴일을 보냈다. 모든 사람들은 행복하게 서로를 받아들였다. 랄프의 삶에서 새롭게 시작된 연애는 거의 모든 것에 영향을 끼쳤다. 대학진학을 위한 시간과 돈이 필요했기 때문에 결혼 계획을 미뤄야 했고, 이를 위한 두 사람의 희생이 뒤따라야만 했다. 랄프는 공대를 졸업할 때까지 일을 하며 학비를 벌었다. 그동안 그의 약혼자도 일을 하면서 저축을 했고 서로 신실한 관계를 이어갔다. 그러면서 그들의 약혼기간은 연장되어야만 했다.

이것 역시 그들에게는 희생이 아니었겠는가! 오빠에게도 많은 변화들이 있었다. 심지어 아무것도 모르는 동생조차 어찌된 일인지 그가 더 좋은 사람이 되었다고 생각했다. 분명히 그는 더 행복했고 함께 살아가기에 더 편한 사람이 되어 있었다. 삶의 과정들 속에서 연속적으로 일어났던 이런 일들은 전혀 부자연스럽지 않았다. 결혼을 위한 오랜 기다림, 신혼집을 장만하기 위한 저축과 희생, 기쁨, 시련 그리고 자녀들을 낳으며 얻게 되는 보상과 그들의 미래를 위해 또다시 모든 것을 공급해 주는 일들은 자연스럽게 이어진다. 두 사람이 서로 사랑하기 때문에 겪는 기쁨과 슬픔, 탄생과 죽음, 성공과 실패, 오해와 화해, 이 모든 것들을 통해 하나됨과 성숙한 사랑을 꾸준히 키워나가면서 만남의 처음 시작부터 끝날 때까지 함께 나누는 삶을 이어간다.

## 렉시오 디비나: 연속적 단계들

이렇듯 인간적인 사랑이 발달해 가는 것과 기도 안에서 하나님과 맺는 사랑의 관계가 발달하는 것 사이에서 우리는 많은 유사점과 결정적 사실들을 이끌어낼 수 있다. 우선 가장 명확한 것은 둘 다 시간이 걸린다는 사실이다. 두 관계 모두에서 우리는 목표의 성취를 중요하게 여기는 경향이 있다. 예를 들어 인간적 관계의 경우는 결혼하는 것, 주택을 구입하는 것, 자녀를 갖는 것 등이다. 그런데 우리가 마침내 깨닫게 되는 것은 이 모든 목표라는 것들이 결국 함께 계속 이어가는 여정, 사랑과 신의로 함께 나누는 삶을 구성하는 요소들이라는 사실이다. 마찬가지로 기도 안에서의 목표도 묵상하며 상상을 어느 정도 깊게 했는지 혹은 이 정도면 다 되었다라고 스스로 만족할 만큼 신비적 경험을 하는 것이 아니다. 오히려 그 목표는 "기쁨과 슬픔, 탄생과 죽음, 성공과 실패, 오해와 화해, 그리고 이 모든 것들을 통해 하나됨과 성숙해 가는 사랑이 꾸준히 자라가면서 만남의 처음 시작부터 끝날 때까지 함께 나누는 삶"인 것이다.

렉시오도 마찬가지다. 그것은 기도의 한 방법이 아니다. 그것은 오히려 깊이 사랑하는 사람들 사이의 상호 관계가 발달하는 경험과 유사하다. 그와 같은 관계의 역동에 비춰보면 어떻게 "은혜가 인간 본성 위에 세워지는지" 알 수 있다. 우리는 다른 친밀한 사랑의 관계를 키워 가듯이 하나님을 사랑하는 일에서도 성장해 간다. 아는 것부터 시작해서 신뢰함, 열망함, 우리의 방어와 두려움을 내려 놓음, 그리고 결국 사랑하는 그분께 우리 자신을 내려놓는 단계까지 성장해 간다.

이 연속적 단계들은 기도의 단계가 심화되는 것과 일치한다. 렉시오는 성경 말씀을 읽고, 상고하는 것부터 시작해 자발적인 기도, 그리고 사랑 안에서 조용히 하나님 앞에 머무르는 네 단계로 점진적인 발전을 해 나아간다.

십자가의 요한은 누가복음 11장 9절의 말씀을 자신의 말로 바꾸어 해석함으로써 렉시오 디비나의 네 단계를 설명한다.

> 구하라, 말씀을 읽으면서 (*Reading*)
> 그러면 명상 가운데 찾을 것이요. (*Meditation*)
> 기도하며 두드리라. (*Prayer*)
> 그러면 당신에게 묵상 가운데 열릴 것이다. (*Contemplation*)

이들 네 단계 혹은 네 가지의 움직임들–읽고$^{lectio}$, 명상하고$^{meditatio}$, 기도$^{oratio}$하고, 묵상함$^{contemplatio}$–을 탐구하다 보면 우리는 "온전성"이 렉시오 디비나의 두드러진 특성임을 알게 된다. 그것은 우리의 전인적 요소 모두를 참여시키기 때문이다. 지성과 상상력, 의지와 감성, 즉 머리와 가슴 그리고 영혼$^{mind,\ heart\ and\ spirit}$ 모두를 동원한다. 그래서 마침내 이 모든 것이 은혜로 말미암아 모두 기능하게 될 때, 우리는 렉시오 디비나가 깊은 기도를 이끌어내기 위해 따라야 할 체계나 학습해야 할 객관화된 기술이 아니라는 것을 재확인하게 된다.

오히려 렉시오 디비나는 어느 정도의 시간이 지나가야 "열매 맺는" 유기적 과정이다. 그것은 한 번의 기도 시간 안에서 일어나는 소우주적인 과정일 수도 있고, 신실한 사랑으로 기도의 삶을 평생 동안 살면서 계속 이루어가는 하나님과의 관계라는 대우주적인 것일 수도 있다.

렉시오 디비나가 그 열매로 묵상적 기도$^{contemplative\ prayer}$를 지향하는 것이긴 하지만, 그것은 16세기까지만 해도 담론적 기도(명상$^{meditation}$), 정감적 기도(가슴으로 드리는 기도) 그리고 묵상(신비의 기도$^{contemplation}$)의 영역으로 분명하게 나뉘어져 있던 기도의 형태들을 개방된 통일성 안에서 하나의 기도로 통합한 것이었다. 렉시오 디비나 안에서 이 기도의 형태들은 자연스럽게 일어나고 통합되어 점진적으로 단순화되고 깊어지며 결국 묵상의 영역을 향해 나아가게 된다. 수 세기 동안의 기독교 전통에 비춰볼 때 묵상은 선택된 소수의 엘리트만 누릴 수 있었던 특권이 아니었음을 우리는 재중명할 수 있다. 그것은 예수님을 진지하게 따르기 원해서 자신을 헌신하고자 하는 모든 순전한 기독교인들이라면 누구나 드릴 수 있는 정상적인 기도의 성취이다.

제자들이 취하는 기도의 형태는 그들이 살고 있는 시대 그리고 개인의 삶의 상황에 의해 바뀔 수 있다. 그러나 그 모든 것의 토대가 되는 원칙은 변치 않는다. 즉, 우리 모두는 사랑하도록 사랑으로 부름 받았다. 우리는 하나님의 매혹적 부르심에 이끌려 편협한 개인주의와 각자의 작은 세계 밖으로 나왔다. 그리고 삶의 방향이 완전히 바뀌어서 예수님처럼 하나님을 위해 살도록 자기를 내려놓게 된다. 예수님을 따른다는 것은 예수님을 사랑하면서 얻게 되는 모든 결과들을 감수하면서 예수님의 사랑 가운데 거하는 것이다. 그 사랑이 온전히 받아들여질 때 우리의 삶은 중심부로부터 변화되기 시작한다.

## 은혜로 받아들이는 사랑

비록 우리가 어떤 보화에 집착하고, 어떤 유혹에 빠져있으며, 우리 안에서 어떤 저항이 일어나고 있다 하더라도 그것들은 하나님께 온전히 자기를 내려놓는 일을 막기에는 역부족이다. 우리 안에는 우리를 사랑하기 원하시는 하나님의 열망이라는 은혜가 아주 얇게 덮이기만 해도 다시 깨어날 수 있는 사랑이 남아있다. 만약 우리가 이 사랑을 온전히 받아들이기만 한다면 말이다. 그러나 우리 모두가 인정하듯 우리는 믿을 수 없을 정도로 이 사실을 힘겹게 받아들인다. 아마도 우리들 가운데 대부분은 하나님과의 연합이 덕목의 사다리를 한 단계 한단계 있는 힘을 다해 오른 후에야 마침내 얻게 되는 것으로 여기며, 그 결과로 우리가 거룩하게 되고 하나님 앞에서 적합한 사람이 된다고 생각하고 있을지도 모른다. 그러나 실제로는 그와 정반대라는 것이 훨씬 더 정확한 이해다. 위대한 성인들과 신비가들은 그들을 향한 하나님의 사랑을 온전히 받아들인 사람들이다. 바로 이것이 다른 모든 것을 가능하게 만든다. 하나님의 무한한 사랑을 대면하고도 믿지 못하는 우리의 태도, 그리고 자기 혐오나 끊임없는 죄책감은 하나님의 사랑을 가로막는 가공할만한 장애물이 될 수 있다. 더불어 교묘하고 인식할 수 없는 형태의 교만은 종종 사랑을 받아들이지 못하게 만든다. 이것은 마치 우리의 "악함"을 하나님의 자비 위에 올려 놓는 격이다.

정신치료 분야에서 이 사실은 분명하게 인식되어 왔다. 이에 대해 도미니크회의 도미닉 로버$^{\text{Dominic Rover O. P.}}$는 다음과 같이 말한다. "정신의학이 발견한 최고의 통찰은 우리가 비참한 처지에 있거나, 잘못된 상황에 처해 있을 때에라도 우리는 보여지는 그대로 또 알려진 그 모습 그대로 사랑받을수 있기를 간절히 원한다는 사실이다. 비극적이지만 우리는 그러한 사랑을 불신하는 경향이 있음에도 불구하고 여전히 그것에 목말라 한다."

개신교 신학자인 폴 틸리히Paul Tillich는 "내가 절대로 받아들여질 수 없는 존재임에도 불구하고 받아들여지고 있음을 받아들이는 것", 그것이 바로 믿음의 의미라고까지 말한다.

그리고 예수님 자신도 세례 요한에게서 세례를 받으며 근본적인 회심을 경험하셨을 가능성이 있다고 말하는 신학자들의 최근의 통찰로 인해, 사랑을 온전하게 수용하는 일은 새롭게 조명되고 있다. 물론 여기에서 말하는 회심이란, 주님에게서 죄란 생각할 수도 없는 것이기에, 죄에서 선으로의 돌아섬이 아니라 그분의 삶의 방향이 근본적으로 바뀌는 것을 말한다. 이 장면에서는 예수님의 인간됨 전체가 "물에서 나오면서, 단번에" 하나님 아버지의 사랑의 계시에 온전하고 무조건적인 반응을 했다. 그의 전인적 존재가 돌이킬 수 없을 만큼 매우 강렬하게 아버지를 향해 방향을 돌렸다.

이런 견해는 성경을 통해 우리가 알 수 있는 예수님의 삶이 직접 증거하고 있다. 예를 들어 그가 세례를 받기 전부터 오랜 세월 동안 알고 있던 고향 사람들이 크게 놀랄 수 밖에 없었던 다음의 사건은 예수님의 회심이 어떤 것이었는지를 설명해 준다.

예수께서 이 비유들을 말씀하신 뒤에, 그곳을 떠나셨다. 예수께서 고향에 가셔서, 회당에서 사람들을 가르치셨다. 그들은 놀라서 말하였다. "이 사람이 어디에서 이런 지혜와 놀라운 능력을 얻었을까? 이 사람은 목수의 아들이 아닌가? 그의 어머니는 마리아이고, 그의 아우들은 야고보와 요셉과 시몬과 유다가 아닌가? 또 그의 누이들은 모두 우리와 같이 살고 있지 않은가? 그런데 이 사람이 이 모든 것을 어디에서 얻었을까?" 그러면서 그들은 예수를 달갑지 않게 여겼다. (마태복음 13:53-57상)

우리는 "지혜와 권능"에 있어서 말로 설명할 수 없는 놀라운 변화가 예수님 안에서 일어났다는 결론을 내릴 수 있다. 이 사실은 대제사장과 장로들의 도전에 대한 예수님의 답변에서도 강하게 입증된다.

예수께서 성전에 들어가서 가르치고 계실 때에, 대제사장들과 백성의 장로들이 다가와서 말하기를 "당신은 무슨 권한으로 이런 일을 합니까? 누가 당신에게 이런 권한을 주었습니까?" 하였다. 예수께서 그들에게 말씀하셨다. "나도 너희에게 한 가지를 물어 보겠다. 너희가 나에게 대답하면, 나도 무슨 권한으로 이런 일을 하는지를 너희에게 말하겠다. 요한의 세례가 어디서 왔느냐? 하늘에서냐? 사람에게서냐?" (마태복음 21:23-25상)

또한 이것은 예수님이 세례 이후에 광야에서 받으셨던 시험의 성격에 관해서도 새로운 시각으로 볼 수 있도록 한다. 즉, 예수님 또한 마가복음 1:9-11에 묘사된 것처럼 거부할 수 없는 하나님 아버지의 사랑의 계시를 무조건적으로 수용했던 경험과 광야의 시험 두 가지를 통합하시기 위해 힘을 다해 싸우셨다.

> 그 무렵에 예수께서 갈릴리 나사렛에서 오셔서, 요단 강에서 요한에게 세례를 받으셨다. 예수께서 물 속에서 막 올라오시는데, 하늘이 갈라지고, 성령이 비둘기같이 자기에게 내려오는 것을 보셨다. 그리고 하늘로부터 소리가 났다. "너는 내 사랑하는 아들이다. 내가 너를 좋아한다." (마가복음 1:9-11)

우리는 이 본문에서 상징적 언어들을 통해 보여주고 있는 예수님의 마음, 즉 "하늘이 갈라지는 것을 보았을 때" 그 사랑의 계시로 인한 내면의 울림이 어떠했을지 거의 상상조차 할 수 없다. 성경은 다른 설명 없이 바로 이어지는 12절에서 "곧 성령이 그를 광야로 몰고 갔다"라고 말한다.

앞에서 인용한 계시의 말씀들이 우리에게 전하려는 것은, 만약 우리가 하나님께서 창조하신 대로, 그리고 부름받은 대로 그분의 자녀가 되려 한다면, 하나님의 사랑을 무조건으로 수용하는 것이 절대적이고도 가장 우선되는 것이라는 사실이다. 요한은 그의 첫 번째 서신에서 "우리가 사랑하는 것은 그분이 먼저 사랑하셨기 때문입니다"라고 쓰고 있다. (요한일서 4:19) 이것을 수용하지 못하는 것은 자신의 정체성, 다름아닌 존재의 근원을 거부하는 것이며, 그분 안에서 우리를 완성시키기 위해 이끌어가는 하나님의 창조적 사랑이라는 거대한 물살에 저항하는 것이다.

우리 안에 거하시는 하나님의 사랑의 임재를 우리의 얕은 지식으로는 완전히 이해할 수 없다. 문자 그대로 그것은 붙잡을 수 있는 것이 아니다. 그러나 『무지의 구름*The Cloud of Unknowing*』의 저자는 다음과 같이 말한다.

> 사람이나 천사가 지식으로는 그분을 잡을 수는 없다. 하지만 사랑으로는 기꺼이 안을 수 있다. 그분은 스스로 계신 분이기 때문에 사람이나 천사의 지성은 그분을 파악하기에는 너무 미천한 것이다.[1] (강조된 부분은 이해를 돕기 위해 저자가 덧붙임)

이것은 묵상기도를 부분적으로 설명하는 것으로서 묵상 안에서 경험하는 "사랑하는 지식"을 말한다. 렉시오 디비나는 그것을 향해 나아가도록 준비시킨다. 그것은 깨어서 가슴으로 경청하므로 우리의 내면이 하나님의 신실하신 사랑, 즉 우리 안에 계시며 우리의 이름 모를 갈망에도 응답하시는 하나님의 긍휼히 여기시는 사랑$^{hesed}$에 늘 깨어있도록 우리를 인도하는 길이다.

## 렉시오 디비나를 위해 미리 준비해야 할 것들

렉시오 디비나의 네 단계 혹은 네 움직임들에 대해 설명하기 전에 몇 가지 중요한 점들을 먼저 짚어보도록 하겠다.

첫째, 이 움직임의 경험들은 계획된 대로 혹은 자동적으로 1-2-3-4의 순서를 따라 진행되는 것이 아니다. 첫 발을 들여놓을 때부터 우리는 어떤 "흐름" 속에 유입된다. 그것은 드러나지 않는 내적인 방향성을 가지고 있으면서도 기도 드릴 때마다 매번 새롭고 특별한 곳으로 흐른다. 한 가지 예로, 어느 정도의 기간 동안 기도를 해 가면서 깨닫게 되는 것이지만, 기도를 준비하는 때에 심지어 묵상할 성경 구절을 열기도 전에 거의 순식간에 하나님의 사랑의 임재를 깊이 느끼며 그 안으로 들어가는 경험을 하는 경우가 있다. 또 어떤 때는 예비 단계도 없이 철저한 침묵 속으로 들어가기도 한다. 이것들은 은혜로 말미암는 움직임들이다. 그리고 그것이 사실이라면, 기도 안에서 우리가 반드시 "해야만 하는 일"은 하나도 없을 수 있다.

그럼에도 불구하고 우리는 이러한 은혜로움을 당연시 하며 공허한 기대감으로 시간을 허비할 수는 없다. 더구나 어떤 기술이나 공식에 맞추어 우리 마음대로 해보려고 조종하는 일은 더욱 안 될 일이다. 기도는 언제나 선물이다. 렉시오 디비나는 그것을 만들어 내려는 시도가 아니라, 처음 시작하도록 초대받는 그때부터 그 선물에 반응할 수 있도록 만들고, 발전해 나아가도록 우리를 내어 맡길 수 있게 한다. 우리는 그 과정 속으로 우리 자신이 만든 시간표를 들고 들어가서는 안된다. 우리가 할 수 있는 것이 그저 기다림뿐이라는 것을 알게 될 때, 이 사실 또한 인식하게 될 것이다. 성령님께서는 우리가 경험하는 무기력이 오히려 위안이나 황홀감보다 더 중요하다는 것을 가르친다. 우리의 기도가 성취해 가는 것이 아니라 점점 더 많이 수용하는 것이 될 때, 그것은 더 순전한 기도가 될 것이다.

만약에 우리가 믿음과 사랑을 열망하면서, 매우 단순하게 성령님과 함께하고 마음을 열어드리는 일에 최선을 다했다면, 우리는 하나님께서 그분의 방법으로 또 그분의 때에 모든 것으로부터 최선을 이끌어 내실 것임을 신뢰해야만 한다. 우리는 기도가 오랜 기간 쌓인 후에 우리의 일상 생활에서 드러나는 열매를 가지고 기도에 대해 평가할 수 있을 뿐이다. 그러나 우리가 분명히 알 수 있는 한 가지 사실은 그분께서 나의 마음과 신실함을 아신다는 것이다. 우리는 사랑하므로 우리 자신을 드리기 위해 기도의 자리에 앉는 것이지 단지 상급만을 생각하는 용병처럼 기도하는 것이 아니다.

둘째, 기도는 우리의 삶에서 결코 분리될 수 없다. 제2장에서 이야기했던 것처럼 매일의 삶은 계속되는 회심이 일어나는 장소이다. 하나님께서 "육신으로 임하심"은 우리가 매일 경험하는 사건들과 관계들을 통해 이루어진다. 그래서 우리의 삶은 성육신의 도구다. 우리의 노력으로 이 일을 성취할 수는 없다. 오히려 우리에게 맡겨진 일은 이 사실에 동의하고, 자아중심적이고 자기 마음대로 하려는 자기 주도권을 계속 요구하는 거짓 자기라는 환상으로부터 만들어지는 하나님에 대한 모든 저항을 내려놓는 것이다. 현실의 삶을 역동적으로 만드는 것들 가운데 중심되는 사랑, 그리고 예수님의 삶처럼 받기보다는 주는 삶으로의 회심은 우리들 스스로의 결심이나 노력의 결과가 아니다. 만약 그렇다면 그것은 단지 경건의 가면을 쓴 거짓 자기의 또 다른 주장이 될 것이다. 수련회에 참석하거나 새해맞이 결신을 해본 경험이 있는 사람들이라면 이것이 종종 얼마나 비효과적이고 심지어 역

기능적일 수도 있는지 알고 있을 것이다. 성령 안에서 새 생명으로 나아가는 길을 여는 것은 하나님께 "네" 하고 응답하는 것이다. 그리고 이것은 우리의 거짓 자기가 죽는 대가를 치르고 주어지는 것이기도 하다. "계속되는 회심"은 유월절의 신비를 경험하는 것이다. 바울이 설명하듯이 예수님께서는 우리에게 그 길을 보여주셨다.

> 하나님의 아들 예수 그리스도는 '예'이시며 동시에 '아니오' 도 되시는 분이 아니었습니다. 그리스도 안에는 '예'만 있을 뿐입니다. 하나님의 모든 약속은 그리스도 안에서 '예'가 됩니다. 그러므로 그리스도로 말미암아, 우리는 '아멘' 하면서 하나님께 영광을 돌리는 것입니다. (고린도후서 1:19-20)

매일 매순간 "지금" 우리가 사는 시간 속에서 사랑으로 말미암는 기도의 반응인 "네, 그렇습니다. 아멘"의 삶을 살 기회는 결코 부족하지 않을 것이다. 이런 "아멘"으로 우리의 기도와 행동은 통합되어간다. 이러한 인식과 반응이 없다면 우리는 환상이라는 위험에 처하게 될 것이다. 물론 우리는 스스로의 힘으로 "네"라고 말하고 싶은 열망을 따라 씨름하면서 실패를 경험하곤 한다. 그러나 하나님은 우리의 성취보다는 열망이 얼마나 신실한 것인지를 더 중요하게 여기심을 기억해야 한다. 그리고 우리는 다른 사람들의 눈에―또 때론 남들은 모르지만 스스로 만족스러워 하는―성공을 거둔 듯 여겨질 때가 아니라 우리의 약함을 경험할 때 하나님을 보다 근본적으로 의지하는 일을 더 잘 배울 수 있다. 토마스 키팅 Thomas Keating은 이 점에 관해 현명한 가르침을 준다.

> 낙담하거나 죄책감에 빠져있지 마십시오. 실패는 하나님을 무한하게 확신할 수 있도록 이끄는 길입니다. 언제나 기억해야 하는 것은 당신에게는 수십억 개의 기회들이 있다는 것입니다. 우리들의 하나님은 우리에게 주어진 기회들 중 어느 하나도 지나치지 않고 모든 가능한 각도에서 우리에게로 다가옵니다. 그리고 그분은 모든 경우 예외 없이 필요에 따라 우리가 있어야 할 곳으로 우리를 유혹하기도, 잡아당기기도, 찌르기도 하고 밀어 넣기도 하십니다.[2]

셋째, 렉시오 디비나의 길을 가는데 타고 가는 도구는 기록된 성경 구절이다. (렉시오 디비나의 원리를 다른 영적 독서에 적용할 수는 있을 것이다.) 그러므로 하나님의 말씀이 우리에게 많이 스며들수록, 말씀과 친밀해질수록, 이 기도의 방법은 더 많은 열매를 우리에게 안겨준다. 한편으론 하나님의 말씀을 수 년간 읽고 공부해 온 사람들 중 많은 수가 마치 처음 읽듯이 성경을 다시 읽고 싶다는 생각을 할 것이 분명하다. G K 체스터톤<sup>G K Chesterton</sup>이 말한 것처럼, 만약 이런 식으로 복음서를 읽을 수만 있다면, "마치 거대한 맷돌이 우리를 향해 굴러오는 듯" 그 영향력은 너무도 엄청날 것이다. 그러나 일반적으로 말해서 하나님 안에서 관계의 성장을 열망하는 사람은 그 누구라도 어떤 식으로든 모든 가능한 방법으로 매일 성경 말씀을 읽는 훈련을 하는 것이 중요하다. 주님은 마태복음에서 다음과 같이 우리의 생각을 일깨운다.

> "성경에 기록하기를 '사람이 빵으로만 살 것이 아니라, 하나님의 입에서 나오는 모든 말씀으로 살 것이다' 하였다." (마태복음 4:4)

그래서 마침내 기도를 시작하게 될 때면 (심지어 렉시오 디비나의 첫 단계로 들어가기 전에), 우리는 "감히" 기도를 한다는 것이 무엇인지를 어느 정도 깨달으면서 다가가려는 노력을 해야만 한다. 한낱 피조물에 지나지 않는 나 자신을 제물로 드리는 것. 그것을 내 안에 이미 계신 그분이 사랑과 자비로 기대하신다는 확신을 하며 진실로 하나님을 향해 돌아설 수 있다는 사실은 경이로 가득 찬<sup>wonder-full</sup> 일임에 틀림없다. 아브라함 헤셸<sup>Abraham Heschel</sup>은 이렇게 말한다. "내가 기도하기 원하는 열망보다 훨씬 더 큰 열망으로 하나님께서는 내가 기도하기 원하신다."

내가 하나님과 가질 수 있는 가장 깊은 관계는 그분 앞에서 내가 아무 것도 아니며 어쩔 수 없는 무력한 존재임을 깨달을 때, 그래서 결국은 바로 그 점 때문에 그분을 온전히 의지할 수 있을 때에 형성된다. 이것을 토마스 머튼(Thomas Merton)은 다음과 같이 말한다. "우리의 소명은 의도하지 않은 우연한 사건들을 가지고 하나님을 영광되게 하는 것이다." 예를 들면 그분 안에서가 아니라면, 그리고 그분의 변함없는 창조적 사랑이 아니라면 계속 존재할 수 없음을 인정함으로써 영광 돌리는 일이다. 이렇게 인정할 수 있음이 내겐 진정한 기쁨이다. 왜냐면 이것이 모든 생명과 소망의 원천이 되기 때문이다.

아마도 우리가 기도에 관해 그분 앞에서 취할 수 있는 진실된 자세를 가장 잘 요약한 글은 칼 라너의 신학에서 찾을 수 있을 것이다.

> 인간의 인간됨은 무한한 비움의 신비에
> 하나님의 하나님 됨은 무한한 충만의 신비에 있다.

이 두 신학적 개념은 모든 순전한 기도의 신비를 이루는 근본적 요소들로서 동일한 중요성을 지닌다.

## Notes

1 『The Cloud of Unknowing』, William Johnston 번역 (Garden City, N.Y.: Image Books, Doubleday & Co., Inc., 1973), p. 50.
2 앞의 책, pp. 74-75.

CHAPTER 4

# 렉시오 디비나

Lectio Divina

## 1. 읽기<sup>Lectio</sup> : 하나님의 말씀을 읽고 경청함

렉시오 디비나의 첫 단계는 렉시오, 즉 읽기이다. 그러나 이것은 단순히 무엇이든 읽는 것 혹은 읽는 태도를 말하는 것이 아니다. 이것은 "거룩한 말씀", 즉 "성서"를 읽는 것이고,[1] 읽는 태도에 대해 더 정확하게 말하자면 성령의 감동으로 전해지는 말에 주의를 집중하여 "경청"하고 "듣는" 것이며 말씀하시는 분<sup>Speaker</sup>에게 주의를 기울이는 것이다.

우리는 이전의 어느 시기보다도 성서의 말씀을 "성령의 감동으로 쓰인 하나님의 말씀"으로 더 잘 받아들이고 있다. 성경 구절을 매우 제한된 의미로 받아들였던 이전의 시기에는 성령님이 직접 성서의 저자들에게 불어 넣어준 하나님의 말씀을 옮겨 썼다는 의미에서 "거룩한 받아쓰기"와 같은 것으로 여겼다. 그러나 예수님께서 우리에게 약속하셨고, 하나님께서 그의 이름으로 우리 안에 내주하도록 하신 그 성령님은 성서의 말씀에 생명력을 불어넣으신 그 성령님과 같은 분이시다.[2] 말씀과 내 안에 현존하시는 성령님을 믿는, 살아있는 믿음은 성경말씀을 읽고 들을 때 우리에게 말씀하시는 그분의 살아있는 실재인 생기를 "불어 넣고" "감화를 준다$^{\text{in-spires}}$".[3]

그러므로 나는 이 거룩한 독서를 위해 시간을 내서 내 몸과 마음을 잠잠케 한다. 그리고 나의 전 존재를 한 곳으로 모은다. 몸과 관련해서 동서양의 모든 기도 훈련들은 공통적으로 긴장을 풀고 허리를 곧게 펴라고 말한다. 마루 바닥이나 방석에 앉을 수도 있고, 책상 다리를 하거나 무릎을 꿇고 앉을 수도 있다. 아니면 의자에 허리를 대고 앉을 수도 있지만 어떤 자세든 마음을 집중하고 초점을 흐리게 하지 않으면서도 혈액 순환이나 호흡을 방해하지 않는 것이어야 한다. 이 모든 기도의 예비 작업들은 나에게 친밀하게 계시되는 하나님의 살아있는 말씀을 내가 경청하려 한다는 사실을 인정하고 또 확인하도록 돕는 수단들이 된다. 이런 태도로 나는 주로 짧은 성경구절을 선택해서 천천히 읽고 모든 주의를 집중하여 마음으로 경청한다. 이것은 내 마음과 생각을 열라고 이미 나를 부르시는 그분께 반응하기 시작하는 것이다. 내 마음이 가는 본문은 때론 이미 내 마음 가운데 있거나 계속 마음 가운데 남아있던 것일 수도 있다. 아마도 최근에 예배 가운데 들은 것일 수도 있을 것이다. 혹은 이 책의 제2부에서 소개되는 주제별 성구를 이용할 수도 있다. 이 성구들은 하나님의 현존을 느낄 수 있도록, 지금 내게 말씀하시는 하나님의 말씀을 개인적으로 그리고 실제적으로 들을 수 있도록 돕기 위해 준비 되었다.

예를 들어 "회개와 자비"[4] 라는 주제에서 이사야서 65:1-2의 말씀이 마음에 들어왔다고 가정해보자. 앞에서 설명한 준비 작업 후에 나는 렉시오, 즉 읽기를 시작한다. 나는 주님께서 내게 하시는 말씀을 "듣는" 것이다.

> 누구든지 나를 찾으면, 언제든지 만나려고 준비를 하고 있었지만, 아무도 나를 찾지 않았다. 내 이름을 부르지도 않던 나라에게, 나는 '나 여기 있다. 나 여기 있다' 하고 말하였다. (이사야서 65:1-2)

이처럼 짧은 성경구절을 통해서도, 내가 믿음으로 읽을

때마다, 다른 중요한 것 혹은 내게 필요한 말씀을 매번 들려주신다. 왜냐하면 주님은 지금 내가 있는 곳에서 말씀하시기 때문이다. 예를 들어 비록 이기심으로 순전하지 못할 때에라도 그분은 내가 그분을 발견할 수 있도록 하신다는 놀라운 깨달음을 주시기도 한다. 그리고 이 사실은 돌연 내 안에서 나의 부족함, 나의 가치 없음과 감사의 마음을 동시에 일깨운다. 혹은 "나 여기 있다"라는 세 단어는 예측할 수 없었던 함께하심에 대한 즉각적 깨달음과 함께 나와 언제나 함께하셨던 그분의 일관됨에 대한 깨달음도 함께 일깨우는 것이다.

성서를 "듣게"될 때 우리에게 말씀하시는 그분은 우리를 또한 받아주신다. 그래서 우리가 듣는 것은 말씀 그 자체가 지닌 의미 그 이상의 것이 된다. 말씀에 생기를 불어넣는 성령님 그 자체가 의미이다. 그리고 그것은 말씀을 통해서 표현된다. 그것은 마치 사랑하는 사람이 한 구절 안에 몇 권 분량의 의미를 전달하는 것과 마찬가지이다. 나는 이 사실을 피정 인도를 하며 몇 번이고 거듭해서 경험하곤 했다. 같은 성경구절을 가지고 각 사람은 내가 상상하거나 기대하지 못했던 매우 독특한 다른 경험들을 하는 것을 보곤 했다.

예로 든 이 성경구절 안에는 은혜로 말미암아 드러나게 될 수많은 잠재된 가능성이 있다. 그러나 그것은 또한 나의 논

리적 추론으로 얻는 결과물이 아니고 값없이 주어지는 것이기 때문에 말씀이 내게 아무런 영향을 주지 않는 것 같이 느낄 수도 있다. 그럴 때면 나는 마음을 평안하게 하여 한 마디, 예를 들면 "나 여기 있다"와 같은 말씀을 의식적으로 반복하여 읽는다. 그리고 믿음을 가지고 말씀을 기쁨으로 받아들인다. 이 단계에서 특별히 내 자신이 할 수 있는 일이 아무것도 없음을 깨닫게 될 때는 사랑과 신뢰의 마음가짐으로 단순히 주님과 "함께 거하는" 것만으로도 부족함이 없다. 실제로 이러한 깨달음은 이 기도의 단계에서 맺게 되는 열매이기 쉽다. 그러나 처음에 제안했듯이 만약에 어떤 한 구절에 나의 마음이 끌렸다면 그 구절을 성찰하기 시작할 것이다. 그리고 다음 단계인 명상$^{Meditatio}$으로 넘어갈 것이다.

## 2. 명상$^{Meditatio}$: 말씀을 성찰함.

앞 장에서 렉시오 디비나는 "인간 상호 관계를 친밀하게 하는 것"과 같다고 설명했다. 이 과정 가운데 앞에서 설명한 렉시오$^{Lectio}$의 역할은 함께 시간을 보내기 위해 홀로 다른 사람을 만나러 오는 것으로 비유될 것이다. 따라서 그것은 내 삶 가운데 공간을 만드는 것이고 하나님께로 돌아서는 것이다. 그러면서 나는 우리의 관계를 깊게 만들어갈 교제를 기대한다.

이제 이러한 열망을 안고 이끌려 온 이 명상$^{Meditatio}$의 단계에서 나는 그분을 더 잘 알기 원하고, 그분을 내 삶 가운데로 모셔 들여 나를 온전히 열어 보이길 원한다. 나는 더 큰 믿음과 확신을 가지고 그분이 내게 어떤 존재이며 나에게 무엇을 드러내 보이시길 원하는지 알기 원한다. 이 드러냄에 대해 잘 설명해 주는 비유가 여기 있다.

내가 책방에 들러서 우연히 헬라어, 일본어, 아니면 히브리어로 된 책을 펼쳐 보았다고 해보자. 내가 모르는 것은 단지 문자나 언어 뿐만이 아닐 것이다. 나는 뒤에서 앞으로 읽어야 하는 건지 아니면 위에서 아래로인지 혹은 오른편에서 왼편으로인지 조차 모른다. 달리 말하자면, 내가 아무리 그 내용을 이해하기 원한다 할지라도 그것은 내게 "닫혀 있는 책"일 뿐이다. 그러나 우연히 옆을 지나던 책방 점원이 나의 어려움을 감지하고 그 책의 영문 번역본이 있다고 일러주며 내게 그 책을 건네게 된다면, 그 순간 모든 페이지에 담겨 있는 내용들은 나와 접속이 되는 것이다.

이 비유에서처럼 하나님 그분 자체는 우리에게 "외국어"와 마찬가지이다. 왜냐하면 그분은 인간의 한정된 지성과 이해력으로는 완전히 납득될 수 없는 분이기 때문이다. 그러나 하나님께서는 예수님을 통해 스스로를 인간이라는 언어로 번역해 주셨다. 우리 인간의 공통된 삶의 가장 깊은 곳까지 살아내시고 경험하신, 이 인간 예수 안에서 하나님은 육신을 입고 나에게 자신을 숨기지 않고 드러내신다. 예수님은 하나님의 계시이다. 언어로 내가 이해할 수 있고, 인간으로 내가 알고 사랑할 수 있는, 또한 역사 속에 살다 죽은 한 사람으로서뿐 아니라 지금도 그리고 영원히 나의 세계 안에, 나의 가슴 속에 살아계신 분이시다. 그리고 우리에 주어진 성령이란 약속된 선물을 통해 그분께서는 진실로 내게 말씀하신다.

나는 당신이 여기서 잠깐 책 읽기를 멈추고 다음의 요한복음 14장 말씀을 깊이 생각해 보길 바란다. 그 말씀이 마치 처음으로 내게 들리는 것처럼 귀를 기울이도록 한다. 당신에게 개인적으로 들려주시는 말씀임을 특별히 경험하기 원한다면, 당신 자신의 이름을 ★로 표기한 곳에 넣어 읽을 수도 있을 것이다.

(예수님께서 말씀하십니다.)

내가 곧 길이요 진리요 생명이다. 나로 말미암지 않고서는, ★아무도 아버지께로 올 사람이 없다. ★너희가 나를 알았더라면, 내 아버지도 알았을 것이다. 이제 ★너희는 내 아버지를 알고 있으며, 그분을 이미 보았다. (6-7절)

내가 아버지께 구하겠다. 그러면 아버지께서 다른 보혜사를 너희에게 보내셔서, 영원히 ★너희와 함께 있게 하실 것이다. 그분은 진리의 영이시다. 세상은 그분을 보지도 못하고 알지도 못하므로, 그분을 맞아들일 수가 없다. 그러나 ★너희는 그분을 안다. 그것은 그분이 ★너희와 함께 계시고 또 ★너희 안에 계시기 때문이다. (16-17절)

보혜사, 곧 아버지께서 내 이름으로 보내실 성령께서, ★너희에게 모든 것을 가르쳐 주시고, 또 내가 ★너희에게 말한 모든 것을 생각나게 하실 것이다. (26절)[5]

이 기도뿐 아니라 어떤 기도에서라도 가장 중요한 일은 이제 곧 들어서게 될 믿음의 영역으로 마음을 모으는 일일 것이다. 모세가 불타는 떨기 나무로 다가갈 때, 하나님께서는 그에게 말씀하셨다. "이리로 가까이 오지 말아라. 네가 서 있는 곳은 거룩한 땅이니, 너는 신을 벗어라." "나는 너의 조상의 하나님, 곧 아브라함의 하나님, 이삭의 하나님, 야곱의 하나님이다." 모세는 하나님을 뵙기가 두려워서, 얼굴을 가렸다. (출애굽기 3:5-6) 내적으로나 외적으로 우리들 역시 이에 필적

할 만큼의 태도로 하나님의 거룩함을 인식하며 다가가야 한다. 그리고 우리가 기도하며 그분에게로 의식적으로 나아갈 수 있도록 하는 믿음이라는 선물이 얼마나 놀랍고도 신비로운지 인정해야 한다. 깊이 생각해 보면 우리가 하나님과 소통할 수 있다는 사실을 종종 대수롭지 않은 듯 당연시하는 것이 오히려 놀라운 일이다. 그러므로 처음에 기도를 시작하면서는 기도가 언제나 성령님께서 사랑으로 시작하신 일에 대한 반응이며, 이 반응 또한 선물로 주어진 것이라는 진리를 깨닫고 그것을 실현하도록 하는 것-실제가 되도록 하는 것-이 중요하다. 그리고 모든 기도는 그분의 선물이기 때문에 우리가 찾는 것을 구하는 일은 합당한 것이다. 위에서 인용한 요한복음의 말씀에 따르면 그것은 예수님께서 약속하신 것들을 구하는 일일 것이다. 즉, 성령님께 내 생각과 마음을 열어 예수님께서 내게 말씀하시는 것을 어떻게 하면 듣고 이해할 수 있는지 가르쳐 달라고 요구하는 것은 마땅한 일이다.

각 사람이 기도하며 예수님과 맺는 관계는 독특하다. 그 이유 중 하나는 개인의 은사가 다양하기 때문이다. 어떤 사람에게는 상상력이 더 발달되어서 그 기능을 많이 사용할 수 있다. 그러므로 이런 사람들에게는 상상하는 것이 생동감 있는 명상을 위해 더 유용한 방법일 수 있다. 이냐시오의 영신 수련에서 묵상contemplation이라고 불리는 이 방법은, 지금 우리가 사용하는 고전적 의미의 것과는 다른 것으로, 상상력을 이용해 복음서의 한 장면으로 들어가 어떤 인물의 이야기를 듣고 보기도 하며 주변의 분위기를 상상하고 느끼고 냄새 맡거나 만지기도 한다. 그 장면의 어떤 사람과 동일시할 수도 있고 그냥 자기 자신으로 그 장면 속에서 무슨 일이 벌어지는지 살펴보고 경청하며 직접 경험할 수도 있다. 예를 들면 위에서 인용한 요한복음의 말씀 속으로 들어가 예수님께서 친구라 부른 이들과 마지막 만찬을 위해 모인 장면을 재구성해 보는 것이다. 그리고 주님이 내게 말씀하시는 것을 듣고, 그분의 응시하심을 내 눈으로 직접 마주한다. 그분이 나를 주목하여 바라보시는 그 눈길에서 나는 무엇을 보는가? 그리고 나는 어떤 반응을 하는가?

그러나 상상력이 잘 개발되지 않았거나 자주 사용하지 않는 사람들은 직관력을 이용해 더 많은 것을 얻는다. 그들은 성경구절 안의 진리나 가르침을 상고하고 예수님의 말씀이 내 안에서 반복되도록 하면서 천천히 성찰하고 그것을 마음 깊은 곳까지 내면화시킴으로써, 예수님의 분명한 사랑이 마음을 관통하게 한다. 그리고 그 사랑에 온유한 태도로 자발적인 반응을 한다.

그러나 우리가 어떤 방식으로 기도하든지 다음의 원리가 기본적으로 적용되어야만 한다. 1900년대 초반의 잘 알려진 베네딕트회의 영성 지도자였던 돔 채프먼(Dom Chapman)은 한마디로 이렇게 말한다. "기도하라! 당신이 할 수 없는 것이 아니라 할 수 있는 기도를 하라!" 만약 그것이 순전하고 성실하게 드려지는 것이라면 가장 단순한 말 한마디, 혹은 마음이 너무 번잡스러울 때는 아무 말도 안 하는 것이 오히려 다듬어지고 혹은 다른 글에서 빌려온 어떤 서정적인 아름다운 문장보다도 더 큰 웅변이 될 수 있음이 분명하다. 그리고 무엇보다 분명한 것은 우리가 성령님께 기도를 가르쳐 달라고 요청 해야만 한다는 사실이다. 이것은 너무 자명한 일이기 때문에 오히려 기억을 못하는 것일 수 있다.

나는 이쯤에서 **명상**에 대한 설명을 마치려고 한다. 더 할 수도 있지만 그렇게 되면 "방법"을 자세히 알려주는 설명서가 될 수 있다는 우려 때문이다. 명상은 근본적으로 내면의 움직임과 관련되어 있는 것이다. 그리고 그것의 진정성은 그 움직임이 의도적인 것이 아니라 자연발생적이며 실제적인 것인지에 달려있기 때문에 따라야 될 방법을 제시하는 일은 부적합한 것이다. 결국 성령님만이 우리에게 기도를 가르치실 수 있다. 그분 이외의 어느 누구라도 할 수 있는 일은 단지 우리를 도와 성령님의 가르침을 받을 수 있도록 준비시키는 것뿐이다. 우리가 처음에 언급했던 "사랑 안에 거함"으로 돌아가 설명하자면, 이것은 우리로 사랑하도록 가르치는 사랑이다. 그리고 이것은 객관적인 방법을 따라 일어나는 것이 아니다.

우리가 다음 단계인 기도함$^{Oratio}$으로 넘어가는 시점은 바로 이 하나님의 사랑이 우리의 마음을 만질 때이다. 이 단계 이전의 모든 것은 바로 이 실제적인 기도를 위해 준비하는 것이라고 할 수 있다.

## 3. 마음의 기도$^{Oratio}$: 말씀이 마음을 만지다.

위에서 다룬 주제인 명상$^{Meditatio}$은 그리스도인으로서 우리를 형성하는 데 매우 중요한 역할을 한다. 그것은 우리가 모든 창조 세계 안에서, 그리고 우리 개인의 삶 가운데서 드러나는 하나님의 사랑을 계속 알아가도록 돕는다. 또한 그것은 예수님의 삶과 가르침 그리고 그분을 향한 우리의 사랑이 더 풍성하고 친밀해지도록 한다. 그래서 결국 그분의 부르심에 사랑과 헌신하는 마음으로 어떻게 반응해야만 하는지 깊이 숙고 하도록 만든다. 이 모든 것은 그 자체로도 가치 있는 일이지만, 우리가 그리스도인으로 살아가기 위한 믿음과 확신을 견고하게 하는 근본적인 토대를 쌓아가는 일로서 유용하다.

그러나 명상은 주로 하나님에 대한 우리의 지성과 상상력을 이용한 활동이기 때문에 만약 그것이 지적인 단계에 계속 머물러 있다면 순수한 의미의 기도로는 부족한 것이다. 왜냐하면 기도의 목표는 그것이 아무리 숭고한 것일지라도 생각이나 개념 혹은 하나님에 관한 지식은 아니기 때문이다. 오히려 기도의 목표는 나의 가장 깊은 곳, 나의 참 자기 가운데 신비하게 감추어져 있는 하나님 그분 자체이다. 신비주의자들은 이것을 "하나님은 나의 나입니다"라고 표현했다.[6]

이 가장 깊은 중심은 묵상의 영역이다. 그리고 지금 여기서 우리가 다루려는 기도$^{Oratio}$ 혹은 '마음의 기도'는 그곳으로 우리를 인도하는 길목에 들어서는 출발점이라고 말할 수 있다. 이 길은 우리 자신이 계획한 절차를 따라 미리 짜여진 것이 아니기 때문에 다음 단계로 넘어가기 위해 무엇을 할지 지침을 따라 마치 계단을 오르듯 순서를 밟아가는 일은 아니다. 이것은 성령님의 이끄심에 반응하면서 내 안에서 일어나는 자연스러운 마음의 움직임이 무엇인지 단순하게 표현하는 것이다.

이에 관해서는 어거스틴의 말이 가장 많이 인용되고 있다. "오 하나님! 나의 마음은 당신을 위해 지어졌습니다. 그래서 당신 안에서 쉼을 얻을 때까지는 결코 안식할 수 없습니다." 이 말은 누구라도 할 수 있는 말처럼 들릴 수 있다. 그리고 우리의 의식 그리 깊지 않은 곳에서도 반향을 일으킬 수 있는 말처럼 여겨진다. 그러나 이 내재된 갈망은 우리가 자신의 방어와 가면은 옆으로 미뤄놓고 상처받을 준비를 한 채로 기도 안에 머물며 하나님 앞에서 우리의 필요와 본성을 그대로 드러낼 때 비로소 일깨워지는 것이다. 바로 우리의 이러한 갈망이 우리 안에 임재 하시는 하나님의 갈망임을 깨닫는 때가 이 시기다. 한편 마음의 기도$^{Oratio}$는 우리의 마음을 그분께로 열어놓고 성령님께서 행하시는 대로 온전히 자신을 내어드리는, 그래서 하나님의 행하심이 우리 자신의 행위보다 더 앞서 나가도록 준비하는 적극적인 노력인 것이다.

오랜 기간 동안 우리는 명상과 마음의 기도 사이를 오고 갈 수 있다. 그러나 점진적으로 단순해지는 때가 결국 올 것이다. 마음 가운데 사랑과 열망이 부어질 때 추론과 지적 탐색은 점점 줄고, 그것은 내면에서 일어나는 친밀한 대화의 형태를 취하게 된다. 하나님께서 "무척 가깝게 계신다"고 인식하지만 동시에 "너무 멀게 계시다"고 느끼며 우리 마음의 갈망은 자연스럽게 그분을 향해 소리친다. 혹은 자신을 부정하거나 무가치한 존재로 느끼며 치유와 자비를 간절히 요청한다. 연인들이 하는 온갖 어리석은 약속들을 할 수도 있고 그것들을 하나님과의 비밀로 간직한다.

    이 기도에서 우리의 마음은 그분께로 열리고 그분에 의해 열린다. 그리고 빛이신 그분이 들어온다. 우리를 향한 그분의 사랑이 너무 크기 때문에 그분의 은혜를 경험하는데 걸림돌이 되는 우리 자신의 환상을 결코 내버려두지 않으신다. 조만간 우리 앞에 그것의 정체가 드러나게 하신다. 그것은 거짓 자기로서 스스로의 주도권을 주장하거나, 자기 충족, 제어, 교만, 다른 사람으로 사는 역할 연기 혹은 인색함이며, 각 사람에게 그 형태는 다를 수 있다. 그러나 그 영향력은 동일하게 은혜로 말미암는 삶과 우리 안의 성령의 은사를 방해하는 일을 한다. 하나님의 또다른 역설적 방법인 것이다. 이 "환상을 깨는" 과정은 처음에는 고통스러울 수 밖에 없다. 그러나 더 크신 사랑의 은혜는 우리가 그것을 받아들이기만 하면 거짓 자기의 통치를 몰아내고 "하나님의 형상"을 따라 지어진 참 자기가 마음의 중심을 차지하도록 한다. 만약 무엇이든 하나님께서 드러내 보이시는 대로, 혹은 요구하시는 대로 행하지 못한다면 그만큼 우리의 기도는 진실되지 못한 것이 된다. 이것은 우리가 그분께 완벽한 반응을 해야만 함을 의미하는 것은 아니다. 오히려 우리의 반응하고자 하는 의도와 그것을 위한 노력이 완벽해야 할 것을 의미한다. 『무지의 구름』은 다음과 같이 우리를 위로하며 격려한다.

> 하나님께서 바라보시는 당신은 지금의 당신이나 지금까지의 당신이 아니다. 그것은 당신이 열망하는 바로 그 모습이다…… 그레고리 대제는 말한다. "모든 거룩한 열망은 성취가 지연되면서 더욱 강렬하게 고조된다. 그래서 시간이 지연되면서 함께 사라지는 열망은 전혀 거룩한 열망이 아니다."[7]

마음의 기도$^{Oratio}$를 통해 얻을 수 있는 것들 중 하나가 이같은 거룩한 열망이 커지는 것이다. 그것을 통해 하나님께서는 우리 안에 그분 자신을 위한 위대한 공간을 창조하신다. 그리고 그것은 우리의 갈망뿐 아니라 때로는 그분을 향해 보이지도 않는 길을 더듬거리며 나아갈 때 경험하게 되는 좌절과 무기력을 통해서도 창조된다. 그것은 마치 중력의 중심으로 끌리듯 심령 깊은 곳에 계신 하나님께로 끌려 들어가는 것이며, 그곳에서 우리는 자신의 참 자기와 기대치 못한 조우를 하게 된다. 이 끌림은 우리의 참 주인이신 하나님께로 온전히 향하도록 지속적으로 돌아설 때, 즉 참 회개의 과정을 방해하는 환상을 더 많이 내려놓을수록 더 강력하게 경험된다. 그리고 이것은 기도 가운데 일어나는 일들 뿐만 아니라, 기도에서 비롯되어 일상의 삶 가운데 다른 사람들과 사건들에 대해 반응하고 대처하는 구체적이고 실제적인 일들에서도 경험되어야 하는 것이다.

이러한 회심의 역동은 "그는 흥하여야 하고, 나는 쇠하여야 한다"는 선포를 통해 세례 요한이 잘 설명하고 있다. 이 복음의 원리는 제2장에서 참 자기와 거짓 자기를 해석하면서 그것의 긍정적인 면에 대해 이미 충분히 설명하였다. 그리고 "나의 참 자기는 흥해야만 하고 거짓 자기는 쇠해야만 한다"고 재해석할 수 있었다. 우리가 갈등하며 싸우는 곳은 내적인 곳일 수도 있고 외적인 곳일 수도 있다. 내면의 싸움이라면 기도 안에서 하나님께 복종하는 것이고 외적인 싸움은 그 복종을 일상의 삶에서 행동으로 구체화시키는 일일 것이다. 이것들은 마치 동전의 양면과 같은 것이다.

이 단계에서 우리는 기도 가운데 마침내 알게 될 하나님을 오래 참음으로 기다리면서 기도의 깊은 중심에 이르렀음을 알게 될 것이다. 그리고 그렇게 될 때까지 읽기$^{Lectio}$의 단계에서 마음에 들어왔던 성경구절 가운데 몇몇 단순한 단어들, 예를 들어 시편 42편에서 첫 구절들 같은 단순한 성구를 떠올리며 묵상하는 것이 때때로 도움이 될 수도 있다.

> 목마른 사슴이
> 시냇물을 찾아 헤매이듯
> 내 영혼 주를 찾기에
> 갈급하나이다
> (사슴이 타도록 목말라
> 시냇물을 찾듯,
> 내 영혼이 주님을 찾아
> 애태웁니다.)

그러나 이 단계에서 우리는 마음의 기도를 단지 성구를 읽는 것으로 여겨서는 안된다. 이때 우리는 서서히 밝아오는 새벽 미명처럼 하나님을 더욱 미세하게 그리고 직관적으로 인식하게 된다. 그래서 인내하지 못하고 우리의 제한된 지적 능력이라는 미미한 빛을 찾아나서는 일로 인해 눈이 멀어서는 안될 것이다. 아빌라의 테레사는 이에 관해 유용한 비유를 들어 설명한다. 우리가 기도 중에 작은 불을 피울 때에는 가끔씩 작은 가지를 지피며 (기도에서는 단순한 성경 구절들을 떠올리며) 불씨를 계속 살리려고 한다. 그러나 이때 주의 할 것은 큰 나무 토막(기도에서는 긴 성경 구절을 읽던가, 오랫동안 생각에 빠지는 일)을 던져넣어서는 안된다는 것이다. 그렇게 하면 오히려 불을 꺼뜨릴 수 있기 때문이다.

*Oratio*의 기도는 간절한 사랑으로 하나님께로 다가가려 할 때 그분께서 우리를 만지심으로 우리 자신도 모르게 예측할 수 없는 음성으로 드려지는 것이기 때문에 구체적 예를 들어 설명하기는 쉽지 않다. 거룩한 독서를 돔 마르미온$^{Dom}$ $^{Marmion}$(프랑스 베네딕트회의 수도사 1853-1923)은 다음과 같이 시적으로 표현하고 있다. 지금 우리가 설명하는 기도$^{Oratio}$는 그 가운데 세 번째 단계이다.

> 우리는 읽는다. (*Lectio*)
> 하나님의 시각으로, (*Meditatio*)
> 그분이 우리의 마음을 만지실 때까지, (*Oratio*)
> 그래서 불길로 뛰어들 수 있을 때까지. (*Contemplatio*)

앞서 사용했던 비유인 깊이 사랑하는 친밀한 인간 관계의 지속적 발달 단계에 비추어 설명하자면, 우리는 이제 단지 하나님을 사랑하는 것이 아니라 "사랑에 빠지기" 시작한 것이다. 즉, 그분이 우리 삶의 중심임을 깨닫고, 연합을 향한 연인들의 갈망을 경험하기 시작하며, 온전히 자신을 주고 또 상대를 받아들이기를 갈망한다.

여기에서 우리는 기도가 진정으로 드려진다면 삶과 분리될 수 없는 것임을 또다시 확인하게 된다. 기도 가운데 자신을 온전히 드리라는 부르심을 받았다면 일상의 관계에서도 그 부르심은 이어져야만 할 것이다. 이 일은 비록 불완전할 수는 있으나, 우리의 열망과 노력만큼은 신실해야 한다.

## 묵상 contemplation 으로의 전환

지금까지 읽기$^{Lectio}$, 명상$^{Meditatio}$, 기도$^{Oratio}$의 단계를 이어가면서 우리는 더 깊은 기도의 자리로 들어가고 있다. 그러나 아직 이것들은 우리의 행위가 더 지배적인 영역이었다. 이제 마지막 단계인 (그러나 이것은 종착점이 아니라 새롭고 중요한 출발점이다) 묵상$^{Contemplatio}$으로의 전환은 우리가 기대했던 것과는 매우 다른 영역이다. 왜냐하면 빛이신 하나님께로 향해 나아가면서도, 어두움이나 "밤"으로 드러나는 우리의 경험은 그와 반대되는 것으로 여겨지고, 길은 오히려 불분명해지기 때문이다.

이 시기에 하나님께서는 우리의 이성이나 상상력을 차단시키시고, 만족감이나 열정 같은 정감적 경험들을 앗아가시며 당신께서 점점 더 주도적으로 기도를 이끌어 가신다. 결과적으로 우리는 하나님을 생각하거나 추론할 능력도 없어지고, 헌신의 마음과 감정도 메말라 가는 것처럼 느껴진다. 광야가 시작된 것이다. 이 같은 광야로 들어서며 앞으로 우리가 어떻게 나아가야 할지 이해하고, 아직은 깨닫지 못한 그러나 위대한 약속의 문으로 들어서고 있다는 사실을 인식하지 못한 채 잘못된 유혹에 빠져 모든 것을 포기하지 않도록 하기 위해서 우리는 반드시 현명한 안내자를 필요로 한다.

십자가의 요한은 어두운 밤을 지나 새로운 새벽으로 향하는 기도 여정에 관한 한 인정받은 대가이다. 이 주제에 관한 그의 잘 알려진 글들인 〈가르멜의 산길, 어둔 밤, 살아있는 사랑의 불길〉은 다소 산만한 표현으로 여러 번 반복하여 상세하고 다양한 설명을 하고 있다. 그러므로 여기서는 그 내용들을 간략하게 요약하고 이 책에서 말하려는 것과 관련하여 중요한 요점을 제시하기로 하겠다.

## 십자가의 요한이 제시한 세 가지 표지들

우선 그는 어두운 밤과 메마름의 경험이 분명히 성령의 직접적 개입인지 아니면 우리들 자신의 게으름이나 불순종인지 분별할 수 있는 세 가지의 표지를 제시한다.

1. 이전처럼 추론적 묵상을 할 수 없고 묵상하면서 만족이나 위안을 받을 수 없음을 깨닫게 됨. (주의: 될 수 있는 한 묵상을 포기해서는 안된다.)
2. 하나님의 성품이나 특성들을 느끼거나 인식 혹은 상상하는 일에 집중하지 않으려는 경향. 예를 들어 하나님에 대한 어떤 **생각들도** 마음에 만족을 주지 못하며 자신 안에 계신 하나님과 개념적 하나님이 다르게 인식된다. 그리고 이때에 머리로 떠올린 이미지나 개념적 하나님은 정감적으로 다가오지 않는다. 그리고 그분의 임재와 관련된 모든 감각적 위안은 증발되어 버린다. 이로 인해 커다란 고통을 경험하고, 이와 함께 우리가 길을 잃었거나 후퇴하고 있다는 두려움을 경험하며 전혀 기도할 수 없다. 설명하기 어렵지만 이때 느끼는 것은 오직 하나님과 관련된 것들을 달가워하지 않는 마음이다. 이것은 불안스럽고 "미지근함"으로 받아들여진다. 그러나 지혜 있는 영적 인도자라면 누구라도 분명하게 알고 있듯이, 오히려 이 고통은 순전한 관심을 드러내는 것이 된다. 왜냐하면 누구라도 진짜 미지근하다면 이런 관심은 있을 수가 없기 때문이다.
3. 마지막으로 그러나 가장 확실한 표지는 결정적인 증거다.

앞의 두 표지는 우울함이나 무절제 혹은 단순하게 열성이 없는 것에 근거한 것일 수도 있기 때문이다. 그러나 십자가의 요한은 위의 두 표지와 함께 다음 세 가지가 모두 나타나면 하나님으로부터 시작되는 것이라고 확신할 수 있음을 주장한다. 즉, 묵상을 할 수 없는데도 불구하고, 그리고 하나님께 대해 어떤 것으로도 만족할 수 없는데도 단지 하나님에 대한 사랑의 인식 안에서 홀로 머물고 싶다는 마음으로 강하게 이끌릴 때, 이렇다 할 이유나 깨달음 혹은 지성, 기억, 의지의 행위가 없는데도 내적 평안과 고요 그리고 쉼 가운데 있을 수 있을 때, 그리고 앞에서 언급한 사랑의 인식과 지식 안에 대체로 머물러 있는 것을 더 좋아할 때이다.

## 앞으로 나아가는 방법

십자가의 요한은 우리의 기도 가운데 이런 변환의 때가 인식되면 어떻게 행해야 하는지, 그것에 적합한 충고를 꼭 짚어서 해 준다. 그는 우리가 스스로의 노력으로 인해 하나님의 일하심을 망쳐버리는 실수를 저지르지 않도록 주의할 것을 말한다. 그리고 노력하는 것은 마치 여행을 마지막까지 잘 마친 사람이 종착점에 이르려고 계속 걷는 것과 같으며, "그는 어리석은 일을 행할 뿐만 아니라, 필연적으로 종착점에서 멀어지게 될 것이다"라고 덧붙여 설명한다.

비록 우리가 아무 일도 안하고 시간만 낭비하고 있다는, 심지어는 뭔가 잘못을 저지르고 있다는 생각이 들 수도 있지만, 우리는 오히려 고요함 가운데 머물러 있도록 해야만 한다. 그리고 하나님을 맛보고 느끼려는 노력과 열망, 그로 인한 염려는 내려 놓고 단지 하나님을 사랑하는, 평안한 태도로 주목하며 만족할 수 있어야 한다. 왜냐하면 이런 열망들은 우리를 하나님께서 직접 지도하시는 비밀스런 소통으로부터 우리를 멀어지게 하고 마음의 동요를 일으키기 때문이다. "수용적 수동성"이라고 부르는 받아들임의 때가 온 것이다. 우리가 느끼기에 게으름인 것 같지만 그것과는 전혀 다른 것이다. 동양의 선禪 전통이 전하는 지혜다.

> 고요히 앉아
> 모든 일들을 내려 놓으면
> 봄은 오고
> 수풀은 홀로 자라난다.

비록 우리가 아무 활동을 안 하는 것 같아도, 은혜는 갈 길을 따라 가고, 성령의 행하심은 우리가 확연하게 인식하지 못해도 계속 진행된다.

그리고 십자가의 요한은 이 일반적인 사랑의 지식을 갖기 시작한 사람들이 결코 명상$^{meditation}$으로 되돌아갈 수 없다는 말이 아님을 분명히 한다. 변환은 즉각적이거나 완전한 것이 아니다. 오히려 묵상$^{contemplation}$이 습관이 될 때까지는 상당한 기간을 필요로 한다. 그뿐 아니라 습관이 된다는 것은, 예를 들어 언제든 묵상을 하려고 할 때 우리 스스로 묵상을 하고 싶은 열망이나 능력이 부족함을 알면서도 사랑의 지식과 평안에 즉각적으로 주의를 돌리는 태도가 몸에 배는 것을 말한다. 그리고 십자가의 요한은 우리가 특정한 것들에 몰두하고 이해하려는 노력을 계속한다면, 우리의 어두운 생각들로 말미암아 성령의 단순하고 분명한 빛은 가려지고 방해를 받게 될 것이라고 주의를 준다.

하나님께서는 각 사람을 독특한 존재로 여기시고, 다루시기 때문에 일반적으로 이 일이 얼마나 걸릴지는 예측할 수 없다. 그러나 점차로 그분은 우리에게 확신을 심어 주신다. "하나님께 대한 경이로움과 경외감을 불러 일으키는 지식과 함께 하늘의 고요와 평안은 하나님의 사랑에 감싸여서 우리의 영혼 속으로 스며들 것이다." 왜냐하면 "영혼이 아무 일도 하지 않고 관심을 쏟지 않을 때에라도 이 묵상은 계속 될 것"이기 때문이다. "이것은 우리의 손으로 잡으려고 애쓰지만 언제나 빠져나가는 공기와 같다." "이 시기에 자신의 힘으로 하는 인간적 노력들은 무용지물이고, 오히려 감각의 메마름을 통해 내적 평안을 공급하시는 하나님의 역사를 방해한다."

다음은 위의 내용 가운데 주요 사항을 간단하게 요약한 것이다.

### 세 가지 표지들:

1. 이전처럼 묵상할 수 없음.
2. 주로 길을 잃었다거나 퇴보하고 있다는 생각에서 비롯된 두려움 때문에 하나님과 관련된 것들에 흥미를 잃게 됨. 감각이 메마름.
3. (위의 두 표지들과 함께 일어날 때 결정적 표지가 됨) 홀로 기도하는 일에 이끌림. 전반적으로 주의 깊게 사랑의 기도를 드리지만 불분명하게 느껴짐; "수동적으로 주목함".

## 해야 할 일

— 성령님을 방해하는 어떤 걸림돌도 두지 않고 "받아들임"
— 내적 고요로 이끄시는 대로 따라가며, 사랑어린 주의를 기울이며 머물기.
— 모든 활동을 내려놓고 자기를 잊은 채 어둠처럼 여겨지는 하나님의 사랑에 이끌리도록 내버려 둠.
— 내적 침묵이 습관화 될 때까지, 또 그렇게 되지 않은 경우라도 가능할 때마다 거듭해서 명상meditation을 한다.

나는 두 가지 중요한 이유로 "마음의 기도oratio"에서 묵상contemplatio으로 전환되는 시기에 대해 이제껏 초점을 맞추었다. 첫째, 만약 일어나고 있는 것을 분명히 이해하지 못한다면 우리가 아무리 최선의 의도를 가지고 있다 하더라도 그것은 기도 가운데 성령님의 이끄심을 따르기 보다는 반대 방향으로 혹은 잘못된 길을 갈 수 있기 때문이다. 십자가의 요한은 "망치질하고 두드리는 것 밖에 할 줄 모르는 대장장이"와 같이 이성과 상상력을 가지고 그렇게밖에 하지 못하는, 그래서 성령님의 움직임을 알아채지 못한채 그에 반대되는 일을 하는 영성지도자를 신랄하게 비난했다. "이 일에 관해 이들 영성 지도자들은 주요한 대리자도 안내자도, 더구나 영혼을 움직이는 사람도 아니며 오직 성령님만이 제일의 안내자이심을 돌아보아야만 한다."

둘째, 기도$^{oratio}$에서 묵상$^{contemplatio}$으로 나아가는 것은, 이 책의 앞부분에서 언급했던 것처럼, 16세기 초에 가르쳤던 기도의 영성에서는 더 전진할 수 없는 벼랑과도 같은 종착지였다. 그 결과 정상적인 기도로 받아들여지지 못하고 특별히 "선택된 영혼"만 할 수 있는 기도 영역으로 간주되었다.

이런 외부의 제도적 태도나 교회의 주장은 오늘날에는 받아들여지지 않지만, 또다른 현실이 가로놓여 있다. 현대 서구 사회가 지닌 사고 방식의 영향으로 묵상기도에 대한 저항이나 기독교적인 기도에서 제외시키려는 움직임이 실재하고 있다. 현대의 기술 산업과 실용적 지식이 일군 모든 성과들은 값을 치르고 얻은 것으로, 특히 물질 세계를 지배하기 위해 많은 경우 직관적 기능의 발달을 희생해야만 했다. 그런데 이 직관력은 묵상하는 일과 직접적 연관이 있는 기능이기 때문에 많은 사람들에게서 묵상하는 능력의 발달이 지체되고 방해를 받는 것은 자연스런 결과다. 그들은 기도하면서 끊임없이 이지화하고 분석하고 판단하며 스스로 "책임을 지려는", 습득된 고질적인 성향을 대체적으로 갖게 되었기 때문이다. 이것은 통제하려는 어떤 노력도 내려놓을 것을 요구하는 묵상적인 내적 움직임과는 정반대되는 것이다. 이 움직임이 요구하는 수동적 수용은 실제로는 창조적이고 반응적인 것임에도 불구하고 실용적 관점에서는 시간의 낭비로 보일 수 있다. 그러므로 마음의 기도인 Oratio에서 묵상, 즉 Contemplatio로 옮겨가는 전환의 단계에 특별히 우리가 경험하고 얻게 되는 것이 무엇인지를 분명하게 이해하는 일이 필요하다.

『무지의 구름』이 가르치는 것을 이 시대에 맞게 효과적으로 적용한 "향심기도"는 읽기와 명상으로부터 마음의 기도와 묵상이라는 내적 침묵까지 자연스럽게 흘러 내려가는 물길을 방해하는 쓰러진 나무나 떠다니는 나뭇가지들 같은 유목을 치우듯 우리의 지적인 행위들을 거둬내는 일을 목표로 한다. 특별히 기도 가운데 주지화intellectualization하는 일로 어려움을 겪는 사람들에게는 토마스 키팅의『마음을 열고 가슴을 열고』가 도움이 될 것이다. 그는 향심기도 운동의 창시자로 묵상적 전통들을 통합하여 풍성하게 만들었다.

## 4. 묵상 Contemplatio : 침묵 속으로 들어감
## "말로 다할 수 없는 사랑"

묵상은 우리에게 자연스러운 것들이 모두 반대인 낯설고 새로운 나라이다. 여기서 우리는 침묵이라는 새로운 언어를 배우고, 행함이 아니라 단순히 존재하며 살아가는 새로운 방식을 배운다. 그리고 우리의 생각과 개념, 상상력, 감각 그리고 감정은 보이지 않고 느끼지 못하는 것을 믿기 위해 포기한다. 또한 여기에서 우리가 감각적으로 하나님이 안계신 것 같다고 느끼는 부재는 실제로 그분의 임재이다. 그리고 우리가 일상적으로 그분의 침묵이라고 인식하는 것은 오히려 그분의 웅변인 것이다. 이것은 무지의 세계로 들어가는 것이고, 우리가 안전을 위해 집착하는 익숙한 모든 것들을 내려놓는 일이다. 그리고 이것은 (은혜로 말미암아 드러나게 되지만 우리가 두려움 때문에 스스로 인정하지도, 더구나 수용은 더 못하는 사실인) 우리가 "비참하고, 불쌍하고, 가난하고 눈멀고 벌거벗은 (요한계시록 3:17)" 존재라는 것이 오히려 모든 소망과 기쁨의 근원이 됨을 아는 것이다. 왜냐하면 우리의 참 자기를 아는 것이 곧 측량할 수 없는 하나님의 사랑을 받고 있음을 아는 것이기 때문이다.

표면적인 자기는 환상이며 이 묵상의 여정에서 포기되어야만 한다. 하나님의 임재를 감각적으로 느끼고 그것을 계속 붙잡으려고 애쓰는 것은 거짓 자기이다. 이것은 선물로 주어지기 때문에 움켜쥐려 해도 잡히지 않는다. 이것은 손을 펴고 앞으로 내밀 때 받게되는 것이지, 강탈할 수 있는 것이 아니다. 거짓 자기는 "무지"라는 직관적 사랑을 제외한 모든 알려지지 않은 것들을 알고자 한다. 그리고 현실이라는 가면을 쓴 환상들, 즉 자기주도, 제어할 수 있는 능력, 가장 의미있는 곳에 자기를 올려 놓는 일 등을 옹호함으로 거짓 자기를 보존하려고 애쓴다. 그러므로 묵상의 초기에 우리가 경험하는 어두움이라는 도구를 통해 (간혹 하나님의 빛을 지나는 경험을 통해서도) 이루시고자 하는 긍휼어린 하나님의 뜻하신 목적은 실망과 슬픔만을 안겨줄 그 환상으로부터 우리를 자유케 하는 것이다.

아마도 묵상기도에 대해 우리가 말할 수 있는 가장 단순하면서도 기본적인 사실은 모든 일에서 하나님을 신뢰할 뿐 아니라 우리 자신을 그분께 맡기도록 부르시는 하나님의 초대를 받아들이면 결국 그분이 우리를 우리 자신 그 이상으로 이끌어 가신다는 것이다. 실제로 묵상기도라는 신비로운 여정을 통해 우리는 통과하기 힘든 우리의 표면적 자아 의식을 뛰어

넘도록 이끄시는 하나님의 사랑의 인도를 받는다.

기도를 어떻게 하느냐는 친구의 질문에 답한 토머스 머튼의 아래 편지글은 묵상기도의 방법에 대한 매우 드물고 아름다운 표현이다.

> 당신은 나의 기도 방법에 대해 물었습니다. 나는 아주 단순하게 기도 드립니다. 전적으로 하나님의 임재와 그분의 뜻 그리고 그분의 사랑에 주의를 모으지요. 다시 말하면 하나님의 임재를 알 수 있는 유일한 방법인 믿음에 마음의 중심을 둡니다. 어쩌면 이런 나의 기도의 특징을 "마치 하나님을 본 것처럼 그분 앞에 거하는" 것과 같다고 말할 수도 있을 것입니다. 그러나 그것은 어떤 것을 상상하거나 하나님의 특정한 이미지를 만들어내는 것이란 의미는 아닙니다. 왜냐하면 나는 이런 행위가 우상숭배와 같은 것일 수 있다고 생각하기 때문입니다. 내가 드리는 기도는 그와 반대로 하나님을 경배하는 것입니다…… 내 마음 속에는 하나님이 아닌 다른 모든 것이 헛됨을 온전히 인식하고 싶은 커다란 갈망이 있습니다. 그렇다면 나의 기도는 무Nothingness 그리고 침묵Silence 가운데서 일어나는 찬양과 같은 것입니다. 만약 내가 나 자신으로 아직도 기도의 자리에 있다면, 나는 이것을 방해물로 여길 것입니다. 만약 그분의 뜻이라면 무Nothingness 조차도 매우 분명하게 드러나도록 하실 수 있습니다. 그러나 그

분의 뜻이 아니라면 그것은 목표처럼 여겨져서 기도를 방해하는 장애물로 남게 될 것입니다. 이것이 내가 평소에 기도 드리는 혹은 묵상하는 방법입니다. 그것은 무엇인가에 대해 "생각하는" 것이 아니라 보이지 않는 얼굴을 직접적으로 구하는 것입니다. 그런데 그 얼굴은 우리가 보이지 않는 그분 안에서 길을 잃지 않으면 발견할 수 없는 것입니다."[8]

십자가의 요한은 묵상contemplation이 "하나님께서 비밀스럽고 평화롭게 그리고 사랑으로 흘러 들어오시는 것이며, 이것은 방해 받지만 않는다면 사랑의 영으로 영혼을 불태운다"고 쓰고 있다. 그러나 "그 사랑의 불길은 일반적으로 시작의 때에는 느껴지지 않는다…… 왜냐하면 이해하길 원하는 영혼은 사랑을 위한 평화로운 공간을 만들어놓지 않고 있기 때문이다."[9] 수련을 계속하면서 우리 자신의 추론이나 의지 같은 능력을 매개체로 계속 의지한다면 우리는 단지 그 사랑이 흘러 들어오는 것을 막는 일만을 거듭 하게 될 것이다. 그러므로 우리에게 요구되는 모든 것은 오직 "여호와 앞에 조용히 앉아 그분을 갈망하며 기다리는" 것뿐이다. (시편 37:7)

겟세마네에서 예수님께서 제자들에게 "내가 기도하는 동안 여기 앉아 있어라"고 당부하신 장면은 이것을 잘 설명하는 상황일 수 있다. 머튼은 이 개념을 다음과 같이 독특하게 표현한다.

"기도하는 것은 위험을 무릅써야 하는 일입니다. 그리고 그 위험은 바로 우리의 기도가 하나님과 우리 사이에 있다는 것입니다. 기도의 위대한 점은 기도하는 것이 아니라 하나님께 직접 나아갈 수 있다는 것입니다. 만약 당신이 기도를 드리는 것이 기도를 방해하는 것이라면, 당장 멈추십시오! 주님께서 기도하게 하십시오. 주님이 기도하는 것에 감사하십시오. 당신 자신은 잊고 예수님의 기도 속으로 들어가십시오. 당신 안에서 그분이 기도하게 하십시오…… 기도하는 최선의 방법은 멈추는 것입니다. 당신이 알든지 모르든지, 기도가 당신 안에서 기도하게 하십시오. 이것은 우리의 진정한 내적 정체성을 깊이 인식함을 의미합니다…… 성령 안에서 그리스도가 하나님 아버지와 맺는 관계와 같은 관계를 하나님과 우리는 은혜로 말미암아 그리스도와 하나됨으로 맺게 됩니다."[10]

이런 자기 소멸의 결과로 예수의 영이 우리 안에서 기도하고, 우리 안에서 사랑하실 수 있다. 그리고 그것은 오직 기도의 시간에만 국한된 것은 아니다. 줄리안 그린Julian Green은 "사람은 두 개의 마음, 즉 하나는 인간을 위한 것 또 하나는 하나님을 위한 것으로 따로 가지고 있지 않다. 이렇게 생각하는 데서부터 문제가 생긴다"라고 말했다. 점진적으로 그분의 사랑을 가로막는 우리의 걸림돌들을 알아가고, 그것을 제거할만큼 충분히 사랑하며 (혹은 그것을 제거하도록 허락하며), 그분의 사랑을 신뢰하고 거기에 순복하는 일, 이 모든 것들은 우리의 일상의 삶에서도 함께 일어나야 한다. 우리는 비록 더딜지라도 삶 속에서 반복해서 행함으로써 선택하는 것을 배우고, 우리 자신들을 위해 취하는 것보다 다른 사람들을 위해 우리 자신을 주는 것을 배운다.

머튼의 말을 다시 인용하겠다. "묵상은 다른 사람들을 위한 긍휼한 마음을 가꾸려 하지 않는 사람들과는 상관없는 일이다." 심지어 우리 자신, 어쩌면 특별히 우리 자신에게로 이 긍휼한 마음은 확장되어야 한다. 특히 우리 자신의 어두움이 드러날 때 긍휼한 마음을 가져야 한다. 그것을 부인하거나 그것으로 인해 화를 낸다면 또 다시 거짓 자기가 자리를 내려놓지 않고 계속 머물러 있으려는 반응을 하는 것이 되기 때문이다.

옛 성인들과 신비가들에 대한 글들에서 묵상은 매우 자주 특이한, 때론 기이한 현상과 관련된 것으로 기록되었다. 이것은 얼마나 많은 묵상가들이, 심지어 그들 스스로도 자신이 묵상가임을 자각 못하고 있는 이들이, 우리와 함께 살고 있는지 볼 수 없도록 만든다. 또한 전형적인 묵상가를 수동적이고 안으로 움츠러드는, 그리고 꿈을 꾸는 듯한, 때론 심리적으로 억제된 유형의 사람으로 희화하는 것 역시 정확한 그림은 아니다. 왜냐하면 묵상은 열정적이고 삶에 대한 열렬한 사랑을 요구하기 때문이다. 묵상에 대한 글을 쓸 때 어두운 밤, 감각의 메마름, 내려놓음, 신비한 은혜 등과 같은 낯선 용어들을 가끔 사용하므로 마치 묵상이 평범한 삶 혹은 평범한 사람들과는 관계가 없는 것이라는 위험스런 오해를 불러일으킬 수 있다. 그러나 하나님께서는 "일상적이시다$^{ordinary}$!" 그분은 우리의 인간성 속으로 들어 오셨다. 그리고 성육신이 증거하듯이 거기에서 발견된다. 그리고 우리와 모든 다른 피조물들은 그분 안에서 존속한다. 엘리자벳 바렛 브라우닝 Elizabeth Barrett Browning의 글이다.

> 땅은 하늘로 가득 차고,
> 모든 떨기나무들은 하나님으로 불타오른다.
> 볼 수 있는 자들만이 자신의 신을 벗는다.
> 그러지 못한 자들은 둘러앉아 야생딸기를 따고 있을 뿐.[11]

더구나 묵상은 묵상가들을 배출해 낸다는 확증이 결코 될 수 없는 눈에 보이는 수도원에서가 아니라 오히려 세상에서의 사랑하는 관계들과 활발한 역할들을 단절시키지 않는 "마음의 수도원", 즉 예수님께서 약속하신 하나님의 "집"에서 이루어진다.

> 누구든지 나를 사랑하는 사람은 내 말을 지킬 것이다.
> 그러면 내 아버지께서 그 사람을 사랑하실 것이요,
> 우리는 그 사람에게로 가서
> 그 사람과 함께 살 것이다. (요한복음 14:23)

묵상가가 되는 것은 수도사나 사제처럼 어떤 특정 유형의 사람에 국한되는 것이 아니다. 우리가 어떤 상태의 삶에 처해 있든지 상관없이 사랑이 되라는 하나님의 부르심을 듣는 모든 곳과 관련이 있다. 왜냐하면 묵상은 우리에게서 세상에 대한 관심을 덜어가는 것이 아니라 더욱더 많은 관심을 갖게 하기 때문이다.

그럼에도 불구하고 이 기도, 그리고 모든 기도에 있어 성장하고 하나님과의 관계를 더 깊게 하기 위해서는 반드시 해야 할 일이 있다. 매일 상당 시간을 내적 고요와 침묵하며 기도하는 일을 위해 따로 구분하여, 진정한 우선권을 그 일에 두고 신실하게 머물러 있어야 한다. 유연성이 필요한 것은 사실이다. 그러나 그 원칙과 중심은 하나님과 맺는 사랑의 관계여야만 한다. 연인들은 함께 시간을 보낼 때 일정표를 만들지 않는다. 그저 만남이 일어나게 한다. 만나지 않고는 깊은 관계도 불가능하고 지속할 수도 성장할 수도 없음을 알기 때문에 언제든 둘만의 만남을 가지려고 한다. "편재하시는 하나님은 발견될 수 있으나 초월적인 하나님은 당신 스스로 계시하셔야만 한다."[12]

그러므로 신실한 기도의 헌신을 통해 우리는 기다림을 배운다. 즉, 우리는 빛 가운데서든 어두움 가운데서든 사랑하는 그 한 분을 향해 주의를 기울이고 깨어있는 마음으로 충성되고 일관되게 행하는 "열정적인 기다림"이 가장 중요한 것임을 배운다. 그리고 버나드<sup>St. Bernard</sup>가 확실하게 말하는 것처럼 "그분 홀로 하나님이시며, 우리가 그분을 찾는 일은 결코 헛되지 않을 것이다. 심지어 우리가 찾지 못할 때에라도 그분은 결코 그것이 헛되도록 하지 않으신다."[13]

그리고 사도 바울이 기도하듯, 하나님께서는 당신 자신이 성령을 통해 우리의 내적 자기(속사람)를 성장시키실 것이다. 그리고 그 결과 **믿음으로 말미암아** 그리스도가 우리의 마음 속에 계실 것이다. 우리가 사랑 가운데 뿌리를 내리고 그 사랑 위에서 세워져 갈 때 우리는 그리스도의 신비의 넓이와 길이, 높이와 깊이를 확실히 이해하게 된다. 그렇게 우리의 능력으로는 도저히 알 수 없는 그리스도의 사랑을 알게 되므로 하나님의 완전한 충만으로 채워질 수 있는 것이다. (에베소서 3:16-19) 바울은 그의 기도를 다음과 같이 마친다.

> 우리 가운데서 역사하시는 능력을 따라, 우리가 구하거나 생각하는 것 이상으로 더욱 넘치게 주실 수 있는 분에게…… 영광이 영원무궁 하기를 빕니다. 아멘 (20-21장)

기도 시간 이외에도 우리가 드러나는 사물의 표면만 보지 않고 성찰하는 태도로 살 때, 즉 삶을 경청하고, 모든 피조 세계 안에, 그리고 사람들 가운데, 또 평범한 매일의 삶에서 일어나는 사건들 가운데 하나님께서 어떻게 임재하시는지 인식하면서 살아갈 때, 우리는 삶을 명상하는$^{meditate}$ 방법을 배울 수 있다.

이러한 하나님 임재를 더 잘 인식하도록 돕는 유용한 훈련으로 의식 성찰을 소개하겠다. 이것은 매일 그 날의 일과를 마치면서 우리를 스쳐간 순간들, 그리고 주로 일상적인 일들로 위장되어 있기 때문에 하나님을 드러내기 보다는 감추었던 상황들 가운데 하나님께서 어떻게 임재하셨고 행하셨는지 성찰하고 기도 충만함으로 분별하는 것이다. 우리가 살아있는 동안은 계속해서 숨쉬는 공기처럼, 우리는 하나님께 잠겨서 그분으로부터 생명과 존재, 그리고 사랑을 매 순간 받아들이고 있다. 언제나 이 사실을 진리로 받아들이고 그 위에 서서 영혼의 눈을 들어 늘 그곳에 무엇이 있는지 보고, 가장 깊은 실재를 인식하는 일에 자라가야 한다. 왜냐하면 "우리는 하나님 안에서 살고 움직이고 존재하고"있기 때문이다. (사도행전 17:28) 이것에 대해 마이스터 엑하르트 Meister Eckhart는 다음과 같이 익살스러운 주석을 달았다. "하나님께서는 언제나 집에 계신다. 나가서 돌아다니는 것은 우리들이다." 묵상은 선물로 주어진 믿음을 성장시키면서 하나님 임재에 대한 인식도 함께 발달시켜 나간다. 그리고 이것은 하나님께서 현실을 바라보시는 시선에 우리가 동참하는 일이다.

대수롭지 않아 보이는 방법들로도 영적인 삶을 가꾸고 살찌게 하는 위대한 일을 할 수 있다. 이것은 최소한 내적 침묵을 어느 정도 요구하기 때문에 우리가 습관적으로 계속 틀어놓고 있는 라디오나 텔레비전 등의 끊임없는 소음을 차단할 수 있어야한다. 우리는 쓸데 없는 분심과 동요를 피하기로 결단하고, 생명을 주는 평안과 침묵의 섬들을 스스로 만들어 낼 수 있어야 한다. 이것들은 우리가 드리는 기도의 질

뿐만 아니라 가족, 친구 그리고 우리가 접하는 다른 사람들과의 모든 관계의 질도 풍성하게 할 것이다.

우리 가운데 대부분은 영적 성장에 있어 최대의 적인 자기중심적 성향을 직면할 기회를 찾기 위해 아주 멀리까지 갈 필요가 없다. 왜냐하면 그런 기회들은 우리의 가정이나 모임들 안에 충분히 있기 때문이다. 실제로 우리의 스승은 우리가 처한 바로 그 상황일 수 있다. 주님은 바로 그곳에서 우리가 다른 사람들을 위해 자신을 내려놓을 것을 요구하신다. 우리가 그리스도의 사랑으로 살기 위해 거짓 자기를 죽이는 일들을 극적이거나 영웅적인 사건들 속에서만 하려고 한다면, 우리는 주어진 많은 기회를 잃어버리고 말 것이다. 리쥬의 테레사 Therese of Lisieux는 "물론 우리는 고상하고 장엄한 방법으로 고통 받기를 원합니다…… 이것은 환상에 지나지 않습니다! 별 볼일 없이 고통 당하는 것, 그것이 고통입니다!"라고 말했다. 고통 당한다는 의미는 겪어내고 인내하며 참는 것이다. 이런 의미에서 인내와 긍휼한 마음으로 자기 자신을 견디고 참는 것 그 이상의 일들은 필요 없을 때가 있다. 우리의 불완전함, 실패, 혹은 자기 자신에 대해 경멸하고 분노하는 것은 많은 경우 단지 거짓 자기가 진리를 수용하지 않고, 자기가 완전할 수 있다는 환상에서 비롯된 것이기 때문이다. 지금 말한 내용을 자세히 관찰해보면 역설의 요소가 이 곳에도 있음을 알 수 있다. 왜냐하면 거짓 자기를 거절하게 되는 모든 경우들과 기회들은 자유와 기쁨이라는 동전의 다른 면이기 때문이다. 이것이 예수님의 방법이고 그분의 약속이다.

그렇듯이 묵상은 궁극적으로 어두움에서 빛으로의 움직임이다. 탈무드는 이 사실과 관련하여 피부에 와 닿는 예화를 담고 있다.

> 옛날에 한 랍비는 그의 제자들에게 밤이 지나고 하루가 다시 시작하는 때를 어떻게 알 수 있는지 물었다. 한 학생이 "혹시 멀리서 동물을 보고 그것이 양인지 개인지를 구분할 수 있을 때가 아닌가요?"하고 물었다. "아니다." 랍비는 답했다. 그러자 다른 학생이 물었다. "아니면 멀리서 나무를 보고 그것이 무화과 나무인지 복숭아 나무인지 알아볼 수 있는 때인가요?"라고 물었다. "아니다." 랍비는 다시 답했다. "그렇다면 랍비님 언제인가요?"하고 학생들이 물었다. "그것은 어떤 여자나 남자의 얼굴을 보면서 그녀 혹은 그가 너의 자매나 형제로 보일 때이다. 왜냐하면 만약 너희가 이 일을 할 수 없다면, 하루 중 어느 시간이라도 계속 밤과 같을 것이기 때문이다"라고 랍비는 대답했다.

모든 사람을 자매와 형제로 보는 것은 신비가들이 지닌 믿음의 시각이다. 그들이 직관적으로 통찰한 핵심적 관점은 하나님 안에서 모든 것의 하나됨과 연합이다. 이것은 현실을 바라보는 시각을 점진적으로 변화시키는 묵상의 은혜로운 열매이다. 이 신비적 시각은 비밀스럽게 전해지거나 "꿈꾸는 듯" 어렴풋한 것이 결코 아니다. 그리고 분명한 것은 우리가 사는 지구의 생존은 유일한 사랑이신 하나님 안에서 모든 민족들과 온 우주가 상호 연대함과 이런 연합을 온 세상 안에서 이루는 일에 달려있다.

칼 라너<sup>Karl Rahner</sup>의 심오한 말이다. "미래의 그리스도인은 신비가여야 할 것이다. 그렇지 않다면 전혀 그리스도인이 될 수 없을 것이다."

## Notes

1. 교회 시대의 초기 수백 년 동안은 교부들의 글 혹은 성서 주석글이 독서에 포함되었다.
2. 요한복음 14:16-17; 15:26; 16:12-13.
3. 라틴어: *in* = in; *spirare* = breathe "숨을 불어 넣다"라는 의미.
4. 제2부 주제별 성구 9번.
5. 교회는 성찬 기도문 4 양식에서 이 성령님의 보내심을 아름답게 다시 표현한다. "… 우리는 더 이상 자신을 위해서가 아니라 그분을 위해 살아가야 할 것입니다. 그분은 성도들에게 첫 선물로 하나님 아버지께

로부터 성령을 보내도록 했습니다. 이는 이 세상에서 그분의 일을 완성하고, 우리에게 충만한 은혜를 부어 주시려는 것입니다."

6 시에나의 케더린(St Catherine of Siena).
7 앞에서 인용한 책 p. 146.
8 한 Sufi 학자에게 보낸 토마스 머튼의 편지 글, Aziz Ch. Abdul. 마이클 모트 Michael Mott의 전기에서 인용됨. 『The Seventh Mountains of Thomas Merton』 (Boston, MA; Houghton Mifflin Co., 1984), p. 433.
9 『Dark Night』, 10:6, 11:1.
10 『Thomas Merton/Monk, A Monastic Tribute』, ed, 페트릭 하트(Brother Patrick Hart) 편저 (Sheed & Ward, Inc., 1974), P88-89; David Steindl-Rast의 글 "기도의 사람(Man of Prayer)"에서 발췌함.
11 『Aurora Leigh』, Bk vii 1. 821.
12 Carol R. Murphy, 『Many Religions; One God』 (Pendle Hilll Publications, Pamphlet #150), p. 22.
13 St. Bernard, 『On Consideration』, V, XI, 24.

PART

2

# 묵상을 위한
# 50가지 주제별 성경구절

Fifty Scripture Themes for Prayer

# 주제별 성경구절을 사용하는 방법

Note: On Using the Scripture Themes

 

이곳에서 소개하게 될 500개의 성경구절은 50개의 주제에 따라 분류해 놓았다. 각각의 주제에 해당하는 성경구절을 표시하고 그 내용을 간략하게 요약하여 제시했다. 영어로 쓰인 원서는 『*New Jerusalem Bible*』(Doubleday, 1985)을 사용하였으나 한국어 번역본에서는 『표준 새번역 성경』(대한성서공회)을 사용하였다. (역자: 원서에서 특별히 NJB를 인용해 강조하기 원한 부분은 그 내용에 충실하게 번역했으며 **고딕체**로 강조하여 표기했다.)

이 주제들을 따라 렉시오 디비나 혹은 다른 어떤 형태의 기도를 할 때에는, 열거된 주제들 가운데 개인적으로 적합한 주제를 택한 후에 제시된 성경 구절들을 천천히 그리고 기도

하는 마음으로 읽어 내려간다. 이때 마음 가운데 개인적으로 특별히 와 닿는 구절이 있으면, 해당 구절의 전체 문장을 성경에서 찾아 읽으며, 기도의 초점을 맞추어 나가도록 한다. 이때의 기도는 렉시오 디비나의 원리를 따라하는 것일 수도 있고, 어떤 식으로든 각자가 이끌림을 받는대로 기도를 드리면 된다.

## 1. 사랑을 받아들임

**요한일서 4:7-11**   … 사랑은 하나님께로부터 오는 것입니다 … 하나님은 사랑이시기 때문입니다 … 우리가 하나님을 사랑한 것이 아니라 하나님께서 우리를 사랑하셔서 당신의 아들을 보내 주시고

**이사야서 30:18-26**   그러나 주께서는 기다리시며 … 너희를 불쌍히 여기려고 … 주를 소망하는 모든 사람은 복되다 … 네가 살려달라고 부르짖을 때에 주께서 분명히 은혜를 베푸시리니

**마가복음 14:3-9**   한 여자가 향유 한 옥합을 가지고 와서 … 향유를 예수의 머리에 부었다 … 몇몇 사람이 화를 내면서 말하기를 "어찌하여 허비하는가?" … 그러나 예수께서 말씀하셨다. "가만두어라."

**에베소서 1:3-13**   하나님 아버지께 찬양을 드립니다 … 창세 전에 우리를 그리스도 안에서 택하여 주셨습니다 … 자

기의 계획을 따라 예정하셔서 … 여러분도 약속하신 성령의 인치심을 받았습니다.

**아가서 2:8-17** 아, 사랑하는 이가 나에게 속삭이네, "나의 사랑하는 그대 어서 나오오 … 기쁘게 노래하는 계절이 이땅에 돌아왔소 … 그 사랑스런 모습을 보여주오 그대의 목소리, 그 고운 목소리 들려주오.

**요 15:9-13** 아버지께서 나를 사랑하신 것 같이 나도 너희를 사랑한다 … 나의 사랑 안에 머물라.

**이사야서 54:9-10** 나는 너에게 노하지 않겠다고 약속한다 … 나의 은총이 너에게서 떠나지 않으며, 평화의 언약을 파기하지 않겠다.

**누가복음 19:41-42** 예수께서 예루살렘 가까이에 오셔서 그 도시를 보고 눈물 흘리시며 이렇게 말씀하셨다. "오늘 네가 평화의 길을 알았더라면 얼마나 좋았겠느냐!"

**누가복음 7:36-50** … 이 여자는 그 많은 죄를 용서받았다. 그것은 그가 많이 사랑하였기 때문이다.

**이사야서 43:1-7** 내가 너를 속량하였으니, 두려워하지 말아라; 내가 너를 지명하여 불렀으니 너는 나의 것이다 … 나는 주 너의 하나님이다 … 내가 너를 보배롭게 여기며 … 너를 사랑하였으므로

## 2. 하나님을 기다림

**야고보서 5:7-11**  그러므로 참고 기다리십시오 … 마음을 굳게 하십시오, 주께서 오실 때가 가깝습니다 … 주께서는 자비가 넘치시고 긍휼이 많으십니다.

**마태복음 25:1-13**  "하늘 나라는 이런 일에 비길 수 있을 것이다 … 준비하고 있던 처녀들은 신랑과 함께 혼인 잔치에 들어가고, 문은 닫혔다 … 그러므로 깨어 있어라. 너희는 그 날과 그 시각을 알지 못하기 때문이다."

**이사야서 40:3-5**  한 소리가 외친다. "예비하라 … 하나님께서 오실 큰 길을 곧게 내어라 … 주의 영광이 나타날 것이니."

**말라기 3:1-5**  "내가 나의 특사를 보내겠다. 그가 나의 갈 길을 닦을 것이다. 너희가 오랫동안 기다린 주가, 문득 자기의 궁궐에 이를 것이다 …

**데살로니가전서 5:1-11**  … 주님의 날이 올 것입니다 … 갑

자기 멸망이 그들에게 닥칠 것이니, 그것을 피하지 못할 것입니다 … 깨어 있으면서, 정신을 차립시다 …

**누가복음 12:13-21** "너희는 조심하여, 온갖 탐욕을 멀리하라. 사람의 생명이 거기에 달려있지 않다 … 어떤 부자가 혼자 말하였다 … 영혼아, 여러 해 동안 쓸 많은 물건을 쌓아 두었으니, 너는 마음을 놓고, 먹고 마시고 즐겨라 하나님 보시기에 부유한 자가 되는 대신

**베드로후서 3:3-14** … 여러분은 거룩한 행실과 경건한 생활 가운데서, 하나님의 날이 오기를 기다리고, 그 날을 앞당기도록 해야 하지 않겠습니까?

**스가랴서 2:1-13** … 기뻐하며 노래를 불러라. 내가 간다. 내가 네 안에 머무르면서 살겠다.

**이사야서 56:1-8** … 공의를 행하여라. 나의 구원이 가까이 왔고 … 이방 사람이라도 주께로 온 사람은 … 기도하는 내 집에서 기쁨을 누리게 하겠다.

**히브리서 10:32-39** 여러분의 확신을 담대함을 버리지 마십시오 … 아주 조금만 있으면, 오실 분이 오실 것이요, 지체하지 않으실 것이다.

## 3. 불안

**시편 62:5-8** 내 영혼아, 잠잠히 하나님만 기다려라. 내 희망은 그에게서 온다 … 언제든지 그만을 의지하고, 그에게 너희의 속마음을 털어놓아라 …

**예레미아애가 3:22-26** 한결같은 사랑이 다함이 없고 … 아침마다 새롭고 … 주께서는, 주를 기다리는 신뢰하는 사람이나 주를 찾는 사람에게 복을 주신다.

**마태복음 6:25-34** 그러므로 내가 너희에게 말한다. "목숨을 부지하려고 … 걱정하지 말아라. 너희 가운데서 누가, 걱정한다고 해서, 제 수명을 한 순간인들 늘일 수 있느냐? … 너희 하늘 아버지께서 … 너희를 돌보지 않겠느냐?"

**시편 142** 나는 소리를 높여서 주님께 애원한다. 억울함을 주님께 털어놓고, 고통을 주님께 아뢴다 … 내가 이렇게 부르짖으니, 내게 귀를 기울여 주십시오 … 주의 이름을 찬양하게 해주십시오.

**마가복음 4:26-29** "하나님의 나라는 이렇게 비유할 수 있다 … 땅에 씨를 뿌려 놓고 밤에 자고 낮에 깨고 하는 동안에 그 씨에서 싹이 나고 자라지만, 그 사람은 어떻게 그렇게 되는지를 알지 못한다.

**시편 27:10-14** … 나의 부모는 나를 버려도, 주님은 나를 돌보아 주십니다 … 강하고 담대하여라 …

**히브리서 13:5-9** 주께서는 "내가 너를 떠나지도 않고, 버리지도 않겠다"고 말씀하셨습니다.

**시편 111** 주님은 은혜로우시며 긍휼이 많으시다 … 당신이 맺으신 언약은 영원토록 기억하신다.

**여호수아 1:9** … 네가 어디로 가든지, 너의 주, 나 하나님이 함께 있겠다.

**시편 43:3-5** 주의 빛과 주의 신실하심을 나에게 보내 주시어, 나를 인도하는 길잡이가 되게 하시고 … 내 영혼아, 어찌하여 그렇게도 낙심하며, 어찌하여 그렇게도 괴로워하느냐? 하나님을 기다려라 소망하라!

## 4. 시작

**요한계시록 22:17**  성령과 신부가 "오십시오!" 하고 말씀하십니다. 이 말을 듣는 모든 사람은 외치십시오 …

**마가복음 1:1-8**  너희는 주의 길을 예비하고, 그의 길을 곧게 하여라 … 그는 성령으로 세례를 주실 것입니다.

**예레미야서 8:4-7**  나 주가 이렇게 말한다. 누구나 넘어지면, 다시 일어나지 않겠느냐? 누구나 떠나가면, 다시 돌아오지 않겠느냐?

**이사야서 65:16-18**  … 지난날의 괴로운 일은 다시 기억되지 않을 것이다 … 내가 새 하늘과 새 땅을 창조할 것이니, 이전 것들은 기억되거나 마음에 떠오르거나 하지 않을 것이다.

**마태복음 13:44-46**  "하늘 나라는 마치 밭에 숨겨 놓은 보물과 같다. 사람이 그것을 발견하면 … 기뻐하면서 집에 돌아가서는, 가진 것을 다 팔아서 그 밭을 산다."

**요한계시록 2:17**  … 이기는 사람에게는, 내가 … 흰 돌도 주겠다. 그 돌 위에는 새 이름이 적혀 있는데 …

**빌립보서 1:6**  여러분 가운데서 선한 일을 시작하신 분이, 그리스도 예수의 날까지 그 일을 완성하실 것입니다.

**에베소서 3:14-21**  그분의 성령을 시켜, 여러분의 속 사람을 능력으로 강건하게 해주시고, 믿음으로 말미암아 그리스도를 여러분의 마음 속에 머물러 계시게 해주시기를 빕니다 … 그리하여 하나님의 모든 충만함으로 여러분이 충만해지기를 바랍니다.

**이사야서 42:16**  무지몽매한 나의 백성을 내가 인도할 것인데 … 내가 그들 앞에 서서, 암흑을 광명으로 바꾸고 …

**요한계시록 2:1-7**  너에게 나무랄 것이 있다. 그것은 네가 처음 사랑을 버린 것이다. 그러므로 네가 … 회개하고, 처음에 하던 일을 하여라.

## 5. 하나님의 부르심

**로마서 11:29** 하나님께서 주시는 은혜의 선물과 부르심 선택은 철회되지 않습니다.

**요한복음 1:35-39** 예수께서 돌아서서, 그들이 따라오는 것을 보시고 "너희는 무엇을 찾고 있느냐?" 하고 물으셨다. 그들은 "랍비님, 어디에 묵고 계십니까?" 하고 말하였다. 예수께서 그들에게 "와서 보아라" 하고 대답하시니 …

**신명기 7:7-9** 주께서 너희를 사랑하시고 택하신 것은 … 너희는 모든 민족 가운데서 수가 가장 적은 민족이다. 그런데도 주께서는 너희를 사랑하시기 때문에 … 너희 조상에게 맹세하신 그 약속을 지키시려고 …

**누가복음 11:27-28** "오히려, 하나님의 말씀을 듣고 지키는 사람이 복이 있다" 하고 말씀하셨다.

**예레미아서 1:4-10** "내가 너를 모태에서 짓기도 전에 너를 선택하였고 알았고 … 두려워하지 말아라. 내가 늘 너와 함께 있으면서, 보호해 주겠다.

**시편 85:8-9** 하나님께서 무엇을 말씀하시든지, 내가 듣겠습니다.

**요한복음 8:45-51** … 내가 진리를 말하기 때문에, 너희는 나를 믿지 않는다 … 하나님께로부터 난 사람은 하나님의 말씀을 듣는다.

**누가복음 8:4-15** 예수께서는 "들을 귀가 있는 사람은 들어라" 하고 외치셨다 … "바르고 착한 마음으로 말씀을 듣고서, 그것을 굳게 간직하여, 참는 가운데 열매를 맺는 사람들이다."

**고린도전서 1:2-9** 그리스도 예수 안에서 거룩해지고 성도로 부르심을 받은 여러분 … 예수께서도 여러분을 끝까지 굳게 세워 주셔서 … 하나님은 신실하십니다.

**이사야서 6:1-9** 나는 주님께서 말씀하시는 음성을 들었다. "내가 누구를 보낼까?" … 내가 아뢰었다. "제가 여기에 있습니다. 저를 보내어 주십시오."

## 6. 회개로 부르심

**신명기 4:29-31**  … 너희가 하나님을 찾되 마음과 성품을 다하여 하나님을 찾으면 만날 것이다. 주 너희의 하나님은 자비로운 하나님이시니, 너희를 버리시지 않고 …

**호세아서 14:2-10**  너희는 말씀을 받들고 주께로 돌아와서 이렇게 아뢰어라. "우리가 지은 모든 죄를 용서하여 주십시오"하면 … 기꺼이 그들을 사랑하겠다.

**마가복음 1:14-15**  예수께서 갈릴리에 오셔서, 하나님의 복음을 선포하셨다. "때가 찼다 … 회개하여라. 복음을 믿어라."

**요한일서 3:4-11**  죄를 짓는 사람마다 그를 보지도 못한 사람이고, 그를 알지도 못한 사람입니다 … 형제나 자매를 사랑하지 않는 사람은 누구나, 하나님에게서 난 사람이 아닙니다.

**호세아서 2:14-17**  … 이제 내가 그를 꾀어서, 빈 들로 데리고 가겠다. 거기에서 내가 그를 다정한 말로 달래 주겠다.

**예레미야서 24:6-8** 내가 그들을 지켜 보면서 잘 되게 하고, 다시 이 땅으로 데려오겠다 … 나를 주님으로 알아볼 수 있는 마음을 주겠다. 그러면 그들이 온전한 마음으로 나에게 돌아올것이다.

**예레미야서 31:31-34** … 새 언약을 세우겠다. 나 주의 말이다 … 내가 이스라엘 가문과 언약을 세울 것이니, 나는 나의 율법을 그들의 가슴 속에 넣어 주며, 그들의 마음 판에 새겨 기록하여 … 내가 그들의 허물을 용서하고, 그들의 죄를 다시는 기억하지 않겠다.

**에베소서 5:8-14** 여러분이 전에는 어둠이었으나, 지금은 주 안에서 빛입니다 … 주님께서 기뻐하시는 일이 무엇인지를 분별하십시오.

**에베소서 2:8-10** … 여러분은 믿음으로 말미암아 은혜로 구원을 받았습니다. 이것은, 여러분에게서 난 것이 아니요, 하나님의 선물입니다. … 우리는 하나님의 작품입니다.

**스바냐서 3:14-20** … 즐거이 외쳐라 … 마음껏 기뻐하며 즐거워하여라 … 두려워 하지 말아라. 너를 사랑으로 새롭게 해주시고 …

## 7. 어린이

**마가복음 10:13-16**  사람들이, 어린이들을 예수께 데리고 와서, 쓰다듬어 주시기를 바랐는데 … 예수께서 말씀하셨다. "어린이들이 내게 오는 것을 허락하고, 막지 말아라. 하나님의 나라는 이런 사람들의 것이다 … 그리고 예수께서는 어린이들을 껴안으시고 …

**마태복음 18:1-4**  그때에 제자들이 예수께 다가와서 "하늘 나라에서는 누가 가장 큰 사람입니까?" 하고 물었다. 예수께서 어린이 하나를 곁으로 불러서, 그들 가운데 세우시고 말씀하셨다.

**마가복음 9:33-37**  … 그들은 길에서, 누가 가장 큰 사람이냐 하는 것으로 서로 다투었던 것이다. 예수께서 앉으신 뒤에 … 어린이 하나를 데려다가 … 그를 껴안으시고서 그들에게 말씀하셨다. "누구든지 내 이름으로 이런 어린이들 가운데 하나를 영접하면, 나를 영접하는 것이요 …"

**로마서 8:14-17**  여러분은 … 자녀로 삼으시는 영을 받았습니다. 그래서 우리는 그 영으로 하나님을 "아바, 아버지"라고 부릅니다

**요한일서 3:1-2**  아버지께서 우리에게 얼마나 큰 사랑을 주셨는지를 생각하여 보십시오. 하나님께서 우리를 당신의 자녀라고 일컬어 주셨으니, 우리는 하나님의 자녀입니다.

**시편 131**  주님, 이제 내가 교만한 마음을 버렸습니다. 오만한 길에서 돌아섰습니다 … 오히려, 내 마음은 고요하고 평온합니다. 젖뗀 아이가 어머니 품에 안겨 있듯이, 내 영혼도 젖뗀 아이와 같습니다.

**마태복음 19:13-15**  … 예수께서 말씀하셨다. "어린이들이 내게 오는 것을 허락하고, 막지 말아라. 하늘 나라는 이런 사람들의 것이다."

**누가복음 10:21-22**  그때에 예수께서 성령으로 기쁨에 넘쳐 이렇게 아뢰었다. "하늘과 땅의 주님이신 아버지, 이 일을 지혜 있고 총명한 사람에게는 감추시고, 철부지 어린 아이들에게는 드러내 주셨으니, **감사합니다**. 그렇습니다, 아버지! 이것이 아버지의 은혜로우신 뜻입니다.

**갈라디아서 3:25-29**  여러분은 모두 그리스도 예수 안에서, 믿음으로 하나님의 자녀가 되었습니다. 누구든지 그

리스도와 연합하여 세례를 받은 사람은, 그리스도로 옷을 입은 사람입니다.

**누가복음 16:1-8** 이 세상의 아들들이 자기네끼리 거래하는 데에는, 빛의 아들보다 더 슬기롭다.

## 8. 긍휼

**마가복음 6:30-44**   예수께서 그들에게 "너희는 따로 외딴 곳으로 가서, 좀 쉬어라" 하고 말씀하셨다 … 예수께서 배에서 내려서 큰 무리를 보시고, 그들이 마치 목자 없는 양과 같으므로, 그들을 불쌍히 여기셨다 … "그들에게 먹을 것을 주어라" 하시니 …

**마가복음 10:46-52**   … 눈먼 거지가 길가에 앉아 있다가 … 나를 불쌍히 여겨 주십시오" 하고 외쳤다. 예수께서 걸음을 멈추시고, 그를 불러오라고 말씀하셨다. … 예수께서 그에게 말씀하시기를 "내가 너에게 무엇을 하여 주기를 바라느냐?" 하시니 …

**누가복음 4:38-41**   해가 질 때에 사람들이 온갖 병으로 앓는 사람들을 있는 대로 다 데리고 예수께로 왔다. 예수께서는 한사람 한사람에게 손을 얹어서, 그들을 고쳐 주셨다.

**시편 34**   주님은, 마음 상한 사람에게 가까이 계시고, 영혼이 짓밟힌 사람을 구원해 주신다.

**마태복음 15:29-39** 많은 무리가, 일어서지 못하는 이와 맹인과 지체 장애자와 말 못하는 이와 그 밖에 아픈 사람들을 많이 데리고 예수께로 와서, 그 발 앞에 놓았다. 예수께서는 그들을 고쳐 주셨다 … 예수께서 제자들을 가까이 불러 놓고 말씀하셨다. "저 무리가 … 먹을 것이 없으니, 가엾다. 그들을 굶은 채로 돌려보내고 싶지 않다" …

**누가복음 6:36-37** 너희의 아버지께서 자비하신 것과 같이, 너희도 자비로운 사람이 되어라 … 남을 용서하여라. 그러면 하나님께서도 너희를 용서하실 것이다.

**이사야서 57:14-19** 내가 비록 높고 거룩한 곳에 있으나, 겸손한 사람과도 함께 있고, 잘못을 뉘우치고 회개하는 사람과도 함께 있다. 겸손한 사람과 함께 있으면서 그들에게 용기를 북돋우어 주고, 회개하는 사람과 같이 있으면서 그들의 상한 마음을 아물게 하여 준다 … 평화, 평화가 있어라. …

**시편 138** 주의 인자하심과 주의 진실하심을 생각하면서, 주의 이름에 감사를 드립니다 … 주께서는 … 내 영혼에 힘을 불어넣어 주셨습니다.

**느헤미야기 9:15-31** 그러나 주께서는 은혜로우시며, 사람을 불쌍히 여기시는 하나님이시기에, 그들을 끔찍이도 불쌍히 여기셔서, 멸망시키지도 않으시고, 버리지도 않으셨습니다.

## 9. 회개와 자비

**베드로전서 2:9-10**  … 여러분은 택함을 받은 민족이요 … 여러분을 어둠에서 불러내어, 그의 놀라운 빛 가운데로 인도하신 분의 업적을, 여러분이 선포하게 하려는 것입니다 … 지금은 자비를 입은 사람입니다.

**요한복음 12:35-36**  빛이 있는 동안에 다녀라. 어둠이 너희를 이기지 못하게 하여라. 어둠 속을 다니는 사람은, 자기가 어디로 가는지를 모른다. 너희는 빛이 있는 동안에 그 빛을 믿어서, 빛의 자녀가 되어라.

**고린도후서 5:16-6:2**  누구든지 그리스도 안에 있으면, 그는 새로운 피조물입니다 … 이 모든 것은 하나님께로부터 옵니다 … 하나님께서는 우리를 시켜서 여러분에게 권면하십니다. 우리는 그리스도를 대신하여 간청합니다. 여러분은 하나님과 화해하십시오 … 지금이야말로 은혜의 때요, 지금이야말로 구원의 날입니다.

**이사야서 54:4-8** 두려워하지 말아라! … 큰 긍휼로 너를 다시 불러들이겠다 … 나의 영원한 사랑으로 너에게 긍휼을 베풀겠다.

**예레미야서 3:12-22** 돌아오너라! 나 주의 말이다. 내가 너희의 보호자다 … "나는 스스로 이렇게 생각하였다 … 너희가 나를 '아버지!'라고 부르며 나만을 따르고, 나를 떠나가지 않을 것이라고 생각하였다."

**시편 103:1-12** 주님은 너의 모든 죄를 용서해 주시고, 모든 병을 고쳐 주신다. … 노하기를 더디 하시며, 사랑이 그지없으시다.

**마태복음 11:28-30** 수고하며 무거운 짐을 진 사람은 모두 내게로 오너라 … 나는 마음이 온유하고 겸손하니, 내 멍에를 메고 내게 배워라. 그러면 너희는 마음에 쉼을 얻을 것이다.

**요한복음 6:35-39** 내게로 오는 사람은 결코 주리지 않을 것이요, 나를 믿는 사람은 다시는 목마르지 않을 것이다 … 또 내게로 오는 사람은, 내가 물리치지 않을 것이다.

**이사야서 65:1-2** 누구든지 나를 찾으면, 언제든지 만나려고 준비를 하고 있었지만, 아무도 나를 찾지 않았다. 내 이름을 부르지도 않던 나라에게, 나는 '나 여기 있다. 나 여기 있다' 하고 말하였다.

**시편 130** 주님, 내가 깊은 구렁 속에서 주님을 불렀습니다 … 내 소리를 들어 주십시오 … 용서는 주님만이 하실 수 있는 것이므로 … 나의 영혼이 주님을 기다린다 …

## 10. 하나님과 나누는 사랑의 대화

**예레미야서 20:7-13**   주님, 주께서 나를 **유혹하셨으므로**, 내가 주께 **빠졌습니다** … 주의 말씀이 나의 심장 속에서 불처럼 타올라 뼛속에까지 타 들어 가니, 나는 견디다 못해 그만 항복하고 맙니다.

**아가서 3:1-4**   나는 잠자리에서 밤새도록 사랑하는 나의 임을 찾았지만, 아무리 찾아도 그를 만나지 못하였다 … 그를 찾아 나섰지만 만나지 못하였다 … 드디어 사랑하는 나의 임을 만났다. 놓칠세라 그를 꼭 붙잡고 …

**요한복음 3:16**   … 이것이 하나님이 이 세상을 사랑하신 방법이다: 그의 독생자를 주셨다 …

**요한복음 14:20-21**   … 나를 사랑하는 사람은 **누구라도** 내 아버지의 사랑을 받을 것이다. 그리고 나도 그 사람을 사랑하여, 그에게 나를 드러낼 것이다.

**호세아서 2:19-22**   내가 너를 영원히 아내로 맞아들이고,

… 너에게 변함없는 사랑과 긍휼을 보여 주고, 너를 아내로 삼겠다.

**예레미야서 31:3** 나는 영원한 사랑으로 너를 사랑하였고, 한결같은 사랑을 너에게 베푼다.

**요한복음 15:9-13** 아버지께서 나를 사랑하신 것과 같이, 나도 너희를 사랑하였다. 너희는 내 사랑 안에 머물러 있어라.

**아가서 8:6-7** 도장 새기듯, 임의 마음에 나를 새기세요 … 사랑은 죽음처럼 강한 것 … 아무도 못 끄는 거센 불길입니다 … 강물도 그 불길 잡지 못합니다.

**시편 8** 주께서 손수 만드신 저 하늘과 주께서 친히 달아 놓으신 저 달과 별들을 봅니다 … 사람이 무엇이기에 주께서 이렇게까지 생각하여 주십니까? … 주께서는 사람을 하나님보다 조금 못하게 지으시고 …

**시편 63:1-8** 내 영혼이 주님을 찾아 목이 마르고 … 이 생명 다하도록, 주님을 찬양하렵니다 … **내가 주님만을 생각합니다.**

## 11. 영의 분별

**누가복음 7:31-35** "우리가 너희에게 피리를 불어도, 너희는 춤 추지 않았고, 우리가 애통하게 울어도, 너희는 울지 않았다."

**골로새서 1:9-14** 우리는 하나님께서 여러분에게, 모든 신령한 지혜와 총명으로 하나님의 뜻을 아는 지식을 채워 주시기를 빕니다.

**마태복음 6:22-24** 네 눈이 성하면 네 온몸이 밝을 것이요 … 네 속에 있는 빛이 어두우면, 그 어둠이 얼마나 심하겠느냐?

**누가복음 17:20-25** "하나님의 나라는 눈으로 볼 수 있는 모습으로 오지 않는다 … 보아라, 하나님의 나라는 너희 가운데 있다."

**로마서 12:1-2** 마음을 새롭게 함으로 변화를 받아서, 하나님의 선하시고 기뻐하시고 완전하신 뜻이 무엇인지를 분별하도록 하십시오.

**신명기 30:15-20** 보아라. 내가 오늘 생명과 번영, 죽음과 파멸을 너희 앞에 내놓았다 … 생명을 택하여라.

**에베소서 4:14-24** 우리는 인간의 속임수나 간교한 술수에 빠져서, 온갖 교훈의 풍조에 흔들리거나 이리저리 밀려다니거나 하지 말아야 합니다 … 머리이신 그리스도에게까지 이르러야 합니다.

**고린도전서 14:33** 하나님은 무질서의 하나님이 아니라, 평화의 하나님이십니다.

**고린도전서 12:31-13:3** 이제 내가 가장 좋은 길을 여러분에게 보여드리겠습니다 … 내게 사랑이 없으면, 나는 아무것도 아닙니다. 내가 내 모든 재산을 나누어 줄지라도 … 내게 사랑이 없으면, 내게는 아무런 이로움이 없습니다.

**마태복음 13:10-17** 이 백성의 마음은 무디어지고, 귀는 듣지 못하고, 눈은 감겼다. 이는 그들이 **마음으로 이해하려 하지 않기 때문이다** … 그러나 너희의 눈은 지금 보고 있으니 복이 있으며, 너희의 귀는 지금 듣고 있으니 복이 있다.

## 12. 제자도

**골로새서 3:12-15** 그러므로 여러분은 … 동정심과 친절과 겸손과 온유와 오래 참음을 옷 입듯이 입으십시오 … 서로 용납하여 주고, 서로 용서하여 주십시오 … 그리스도의 평화가 여러분의 마음을 지배하게 하십시오.

**누가복음 6:46-49** 너희는 어찌하여 나더러 '주님, 주님!' 하면서도, 내가 말하는 것을 실행하지 않느냐? 내게 와서 내 말을 듣고 그대로 하는 사람이 어떤 사람과 같은지를, 너희에게 보여 주겠다.

**마태복음 16:21-26** 누구든지 나를 따라오려거든, 자기를 부인하고 제 십자가를 지고 나를 따라오라 … 누구든지 나를 위하여 제 목숨을 잃는 사람은 찾을 것이다.

**누가복음 14:7-11** 예수께서는, 초청을 받은 사람들이 얼마나 기를 쓰고 윗자리를 골라 잡는지를 보시고 … 누구든지 자기를 높이는 사람은 낮아질 것이요, 자기를 낮추는 사람은 높아질 것이다 …

**갈라디아서 2:19-21**   … 이제 사는 것은 내가 아닙니다. 그리스도께서 내 안에서 사시는 것입니다 … 나를 사랑하셔서, 나를 대신하여 자기 몸을 내주신 하나님의 아들을 믿는 믿음 안에서 사는 것입니다.

**누가복음 14:28-33**   누가 망대를 세우려고 하면, 그것을 완성할 만한 비용이 자기에게 있는지를, 먼저 앉아서 셈하여 보아야 하지 않겠느냐? … 너희 가운데서 누구라도, 자기 소유를 다 버리지 않으면, 내 제자가 될 수 없다.

**누가복음 17:7-10**   … 너희도 명령을 받은 대로 다 하고 나서 '우리는 쓸모 없는 종입니다. 우리는 마땅히 해야 할 일을 하였을 뿐입니다' 하여라.

**시편 127:1-2**   주께서 집을 세우지 아니하시면 집을 세우는 사람의 수고가 헛되며

**에베소서 6:10-20**   … 여러분은 주님 안에서, 그분의 힘찬 능력을 받아 굳세게 되십시오 … 버티어 서십시오 … 평화의 복음을 전할 채비를 하십시오.

**요한복음 13:33-35**   너희가 서로 사랑하면, 모든 사람이 그것으로써 너희가 나의 제자인 줄을 알게 될 것이다.

## 13. 공의를 행함

**이사야서 1:11-20**  "무엇하러 나에게 이 많은 제물을 바치느냐? … 정의를 찾아라. … 고아의 송사를 변호하여 주고 과부의 송사를 변론하여 주어라 …

**누가복음 16:19-31**  어떤 부자가 있었는데 … 날마다 즐겁고 호화롭게 살았다. 그런데 그 집 대문 앞에는 나사로라 하는 거지 하나가 … 그 부자의 상에서 떨어지는 부스러기로 배를 채우려고 하였다.

**누가복음 14:12-14**  … 잔치를 베풀 때에는, 가난한 사람들과 지체 장애자들과 다리 저는 사람들과 눈먼 사람들을 불러라. 그러면 네가 복될 것이다 …

**아모스서 5:21-24**  너희가 성회로 모여도 도무지 기쁘지 않다 … 너희는, 다만 공의가 물처럼 흐르게 하고, 정의가 마르지 않는 강처럼 흐르게 하여라.

**출애굽기 23:1-9**  너희는 가난한 사람의 송사라고 해서, 그에게 불리한 판결을 내려서는 안된다. 거짓 고발을 물리쳐라. 죄 없는 사람과 의로운 사람을 죽여서는 안된다 … 나그네를 억압해서는 안된다.

**시편 82:1-4**  "언제까지 너희는 … 되풀이하려느냐? 언제까지 너희는 악인의 편을 들려느냐? 가난한 사람과 고아를 변호해 주고, 가련한 사람과 궁핍한 사람에게 공의를 베풀어라.

**출애굽기 3:7-8**  주께서 다시 말씀하셨다. "나는, 이집트에 있는 나의 백성이 고통 받는 것을 똑똑히 보았고, 또 억압 때문에 괴로워서 부르짖는 소리를 들었다. 그러므로 나는 그들의 고난을 분명히 안다.

**예레미야서 22:13-16**  네 아버지가 … 법과 정의를 실천하지 않았느냐? … 가난한 사람과 억압받는 사람의 사정을 헤아려서 처리해 주면서, 잘 살지 않았느냐? 바로 이것이 나를 아는 것이 아니겠느냐? 나 주의 말이다.

**누가복음 6:20-26**  "너희 가난한 사람은 복이 있다. 하나님의 나라가 너희의 것이다. 너희 지금 굶주리는 사람은 복이 있다. 너희가 배부르게 될 것이다.

**누가복음 3:10-14**   (세례) 요한이 그들에게 대답하였다. "옷을 두 벌 가진 사람은 없는 사람에게 나누어 주고, 먹을 것을 가진 사람도 그렇게 하여라."

## 14. 믿음

**누가복음 18:1-8** 예수께서 그들에게, 늘 기도하고 낙심하지 말아야 한다는 뜻으로, 비유를 하나 말씀하셨다 … **낙심하지 않고 줄곧 찾아가서 졸랐다** … 인자가 올 때에, 세상에서 믿음을 찾아볼 수 있겠느냐?

**마태복음 6:5-8** 너는 기도할 때에 … 은밀하게 계시는 네 아버지께 기도하여라 … 하나님 너희 아버지께서는, 너희가 구하기 전에, 너희에게 필요한 것이 무엇인지를 알고 계신다.

**누가복음 11:5-13** 구하여라, 그러면 너희에게 주실 것이요, 찾아라, 그러면 찾을 것이요, 문을 두드려라, 그러면 너희에게 열어 주실 것이다.

**로마서 3:21-4:5** 하나님의 의는 예수 그리스도를 믿는 믿음을 통하여 모든 믿는 사람에게 옵니다. 거기에는 아무 차별도 없습니다.

**요한일서 5:14-15**  우리가 하나님 앞에서 가지는 확신은 이것이니, 곧 무엇이든지 우리가 하나님의 뜻을 따라 구하면, 하나님께서는 우리의 간구를 들어주신다는 것입니다.

**마가복음 4:35-41**  예수께서 그들에게 "왜들 무서워하느냐? 아직도 믿음이 없느냐?" 하고 말씀하셨다. 그들은 큰 두려움에 사로잡혀서 서로 말하기를 …

**이사야서 44:21-24**  이런 일들을 기억하여 두어라 … 내가 너를 지었다… 이스라엘아, 내가 너를 절대로 잊지 않겠다.

**요한복음 14:6-15**  내가 아버지 안에 있고 아버지께서 내 안에 계심을, 네가 믿지 않느냐? … **누구든지** 나를 믿는 사람은 내가 하는 일을 할 것이요 …

**요한복음 20:24-31**  "너는 나를 보았으므로 믿느냐? 나를 보지 않고도 믿는 사람은 복이 있다.

**요한일서 5:1-11**  … 세상을 이긴 승리는 이것이니, 곧 우리의 믿음입니다.

## 15. 거짓 자기와 참 자기

**요한복음 12:24-26** … 밀알 하나가 땅에 떨어져서 죽지 않으면 한 알 그대로 있고, 죽으면 열매를 많이 맺는다.

**고린도후서 5:14-15** … 살아 있는 사람들이 이제부터는 자기들 스스로를 위하여 살지 않고, 자기들을 대신하여 죽으셨다가 살아나신 그를 위하여 살게 하려는 것입니다.

**로마서 7:15-24** 나는 내가 하는 일을 도무지 알 수가 없습니다. 내가 해야겠다고 생각하는 일은 하지 않고, 도리어 해서는 안 되겠다고 생각하는 일을 하고 있으니 말입니다 … 그와 같은 일을 하는 것은 내가 아니라, 내 속에 자리를 잡고 있는 죄입니다.

**누가복음 22:54-62** 한 하녀가 … 베드로를 빤히 노려보고, 말하기를 "이 사람도 그와 함께 있었어요"… 베드로는 그것을 부인하여 말하기를 "나는 그를 모르오" 하였다 … 주께서 돌아서서 베드로를 똑바로 보셨다.

**누가복음 19:1-10**  삭개오가 일어서서, 주님께 말하였다. "주님, 보십시오, 내 소유의 절반을 가난한 사람들에게 주겠습니다 … 예수께서 그에게 말씀하셨다. "오늘 구원이 이 집에 이르렀다 …

**로마서 6:3-11**  우리가 그리스도와 함께 죽었으면, 그와 함께 우리도 또한 살아날 것임을 믿습니다 … 여러분 스스로가 죄에 대하여는 죽은 사람이요, 하나님께 대하여는 그리스도 예수 안에서 살아 있는 사람이라는 것을 **확실히** 알아야 합니다.

**골로새서 3:10-11**  여러분은 옛 사람을 그 행실과 함께 벗어 버리고, 새 사람을 입으십시오. … 자기를 창조하신 분의 형상을 따라 끊임없이 새로워져서 …

**골로새서 2:11-12**  여러분도 그분 안에서 손으로 행하지 않은 할례, 육신의 몸을 벗어 버리는 그리스도의 할례를 받았습니다 … 세례로 그리스도와 함께 묻혔고 …

**빌립보서 3:7-16**  나는 **오직 그리스도를 얻을 수만 있다면**, 나에게 이로웠던 것은 무엇이든지 해로운 것으로 여기게 되었습니다 …

**마가복음 8:34-38**  "사람이 온 세상을 얻고도 제 목숨을 잃으면, 무엇이 유익하겠느냐?"

## 16. 주를 따름

**누가복음 5:1-11**  … 시몬 베드로가 이것을 보고, 예수의 무릎 앞에 엎드려서 "주님, 나에게서 떠나 주십시오. 나는 죄인입니다" 하고 말하였다. … 예수께서 시몬에게 말씀하셨다. "두려워하지 말아라 …" 그들은 … 모든 것을 버려 두고 예수를 따라갔다.

**마가복음 2:13-17**  … 예수께서 길을 가시다가 … 레위가 세관에 앉아 있는 것을 보시고 "나를 따라오너라" 하고 말씀하셨다. 레위는 일어나서, 예수를 따라갔다 … 나는 의인을 부르러 온 것이 아니라 죄인을 부르러 왔다."

**마태복음 10:32-42**  … 누구든지 사람들 앞에서 나를 시인하면, 나도 하늘에 계신 내 아버지 앞에서 그 사람을 시인할 것이다 …

**마태복음 19:27-30**  내 이름을 위하여 집이나 형제나 자매나 부모나 자녀나 논밭을 버린 사람은, 백 배나 받을 것이요 …

**누가복음 9:57-62**  … 어떤 사람이 예수께 말하기를 "나는 선생님이 가시는 곳이면, 어디든지 따라가겠습니다" 하였다 … 예수께서는 그에게 말씀을 하셨다. "누구든지 손에 쟁기를 잡고 뒤를 돌아다보는 사람은 하나님의 나라에 합당하지 않다."

**출애굽기 13:20-22**  주께서는 … 낮에는 … 길을 인도하시고, 밤에는 … 앞 길을 비추어 주셨다.

**예레미아서 2:1-13**  "나 주가 이렇게 말한다. 네가 젊은 시절에 얼마나 나에게 진실하였는지, 네가 신부 시절에 얼마나 나를 사랑하였는지 … 내가 잘 기억하고 있다." … 나의 백성이 생수의 근원인 나를 버린 것과 …

**누가복음 18:18-27**  "네게는 아직도 한 가지 부족한 것이 있다. 네가 가진 것을 다 팔아서, 가난한 사람들에게 나누어 주어라 … 그리고 와서 나를 따라라."

**요한복음 21:18-22**  네가 젊어서는 스스로 띠를 띠고 네가 가고 싶은 곳을 다녔으나, 네가 늙어서는 남들이 너의 팔을 벌릴 것이고, 너를 묶어서 네가 바라지 않는 곳으로 끌고 갈 것이다." … "나를 따라오너라."

**에베소서 5:1-2**  그리스도께서 우리를 사랑하셔서 … 자기 몸을 내주신 것같이, 여러분도 사랑 안에서 살아가십시오.

## 17. 용서

**마태복음 5:43-48** … 너희의 원수를 사랑하라 … 너희의 하늘 아버지께서 완전하신 것과 같이, 너희도 완전하여라."

**누가복음 23:33-43** 예수를 십자가에 못박았다 … 그때에 예수께서 말씀하셨다. "아버지, 저 사람들을 용서하여 주십시오. 저 사람들은 자기네가 무슨 일을 하는지 알지 못합니다."

**요한일서 2:3-11** 빛 가운데 있다고 말하면서도, 자기의 형제자매를 미워하는 사람은 아직도 어둠 가운데 있는 사람입니다 … 자기의 형제자매를 미워하는 사람은 어둠 가운데 있고 … 자기가 어디로 가는지를 알지 못합니다.

**마태복음 5:23-26** 네 형제나 자매가 네게 어떤 원한을 품고 있다는 생각이 나거든 … 먼저 가서 네 형제나 자매와 화해하여라. 그런 다음에, 돌아와서 …

**요한일서 4:16-21**  우리가 하나님을 사랑함은, 하나님께서 우리를 먼저 사랑하여 주셨기 때문입니다 … 보이는 자기의 형제나 자매를 사랑하지 않는 사람은, 보이지 않는 하나님을 사랑할 수 없습니다.

**마태복음 5:9**  평화를 이루는 사람은 복이 있다.

**베드로전서 3:8-12**  여러분은 모두 한 마음을 품으며, 서로 동정하며, 서로 사랑하며, 자비를 베풀며, 겸손하십시오. 악을 악으로 갚거나, 모욕을 모욕으로 갚지 말고 …

**누가복음 11:1-4**  너희는 기도할 때에 이렇게 말하여라. 우리가 우리에게 빚진 모든 사람을 용서하오니, 우리 죄를 용서하여 주시옵고 …

**마태복음 18:21-35**  베드로가 다가와서 예수께 말하였다. "주님, 한 신도가 내게 죄를 지을 경우에, 내가 몇 번이나 용서해 주어야 합니까?" … 예수께서 대답하셨다 … "일곱 번을 일흔 번까지라도 해야 한다."

**에베소서 4:25-32**  해가 지도록 노여움을 품고 있지 마십시오. … 하나님의 성령을 슬프게 하지 마십시오 … 서로 친절히 하며, 불쌍히 여기며, 하나님께서 그리스도 안에서 여러분을 용서하신 것 같이, 서로 용서하십시오.

## 18. 자유

**요한복음 8:31-36** "너희가 진리를 알게 될 것이요, 진리가 너희를 자유롭게 할 것이다 … 아들이 너희를 자유롭게 하면, 너희는 참으로 자유롭게 될 것이다."

**로마서 6:13-23** 여러분은, 여러분이 복종하는 그 사람의 종이 되는 것임을 알지 못합니까? … 이제 여러분은 … 죄에서 해방을 받아서, 의의 종이 된 것입니다.

**누가복음 4:16-22** "주께서 나를 보내셔서, 포로 된 사람들에게 자유를, 눈먼 사람들에게 다시 보게 함을 선포하고, 억눌린 사람들을 풀어 주고 …"

**고린도후서 3:12-18** 주님의 영이 계신 곳에는, 자유함이 있습니다 … 우리는 주님과 같은 모습으로 변화하여, 점점 더 큰 영광에 이르게 됩니다.

**갈라디아서 5:16-26** 성령께서 인도하여 주시는 대로 살아가십시오. 그러면 육체의 욕망을 따라 살아가지 않게 될 것입니다 … 그리스도 예수께 속한 사람은 정욕과 욕망과 함께 자기의 육체를 십자가에 못박았습니다.

**시편 146**  하나님을 자기의 도움으로 삼고 … 주님께 희망을 거는 사람은 복이 있다. 주님은, … 감옥에 갇힌 죄수를 석방시켜 주시며 …

**갈라디아서 4:1-7**  하나님께서 그 아들의 영을 우리의 마음에 보내 주시고 우리가 하나님을 "아바, 아버지"라고 부를 수 있게 하셨습니다. 그러므로 여러분 각자는 이제 종이 아니라 자녀입니다 … 상속자입니다.

**이사야서 45:1-7**  내가 너보다 앞서 가서 … 놋쇠 성문을 부수며, … 안 보이는 곳에 간직된 보화와 감추어 둔 보물을 너에게 주겠다. 그때에 너는 … 이스라엘의 하나님이 너를 지명하여 불렀다는 것을 알게 될 것이다.

**이사야서 42:6-9**  너를 백성의 언약이 … 되게 할 것이니 … 감옥에 갇힌 사람을 이끌어 내고, 어두운 영창에 갇힌 이를 풀어 줄 것이다.

**19. 성령의 은사**

**사도행전 4:1-31**  그들이 기도를 마치니 … 그들 모두가 성령으로 충만해서, 하나님의 말씀을 담대히 말하게 되었다.

**사도행전 2:1-13**  오순절이 되어서, 그들은 모두 한 곳에 모였다. 그때에 … 그들에게 불길이 솟아오르는 것과 같은 혀들이 갈래갈래 갈라지면서 나타나더니 … 그들은 모두 성령으로 충만해서 …

**고린도전서 12:1-13**  성령으로 감동하지 않고서는 아무도 "예수는 주님이시다" 하고 말할 수 없습니다. 은혜의 선물은 여러 가지지만, 그것을 주시는 성령은 같은 성령이십니다.

**빌립보서 2:1-11**  그러므로 그리스도 안에서 … 성령의 어떠한 교제가 있거든, 여러분은 같은 생각을 품고, 같은 사랑을 가지고, 뜻을 합하고, 한 마음이 되어서 …

**사도행전 2:22-47**  하나님께서는 이 예수를 높이 올려 하나님의 오른편에 앉히시고, 약속하신 성령을 주셨습니다. 예수께서는 아버지께로부터 받은 성령을, 여러분이 지금 보고 듣고 있는 것처럼 우리에게 부어 주셨습니다.

**마가복음 1:1-8**  그는 성령으로 세례를 주실 것입니다.

**요한복음 6:63-66**  생명을 주는 것은 영이다 … 내가 너희에게 한 그 말은 영이요, 생명이다.

**갈라디아서 6:7-10**  성령의 뜻을 따라 심는 사람은 성령으로부터 영생을 거둘 것입니다.

**사도행전 10:34-48**  여러분이 아시는 대로 이 일은 … 갈릴리에서 시작하여 온 유대 지방에서 이루어졌습니다 … 하나님께서 나사렛 예수께 성령과 능력을 부어 주셨습니다.

**로마서 8:26-27**  성령도 우리의 약함을 도와주십니다. 우리는 어떻게 기도해야 할 것도 알지 못하지만, 성령께서 친히 … 우리를 대신하여 간구하여 주십니다.

## 20. 경청하도록 부르심

**예레미아서 7:22-28**   사실은 내가 너희 조상을 이집트 땅에서 데리고 나왔을 때에 … 오직 내가 명한 것은 '너희는 **나에게 순종하여라.** 그러면 내가 너희 하나님이 되고, 너희는 나의 백성이 될 것이다' 하는 것뿐이었다. 그러나 그들은 순종하지도 않고, 귀를 기울이지도 않았다.

**신명기 6:4-13**   이스라엘아, 들어라. … 너희는 마음을 다하고 뜻을 다하고 힘을 다하여, 주 너희의 하나님을 사랑하여라. 내가 오늘 너희에게 명하는 이 말씀을 마음에 새기고,

**히브리서 3:7-13**   "오늘 너희가 그의 음성을 듣거든 … 너희 마음을 완고하게 하지 말아라.

**누가복음 9:28-36**   … 소리가 나기를 "이는 나의 아들, 곧 내가 택한 자다. 너희는 그의 말을 들어라" 하셨다

**마태복음 7:21-27**   나더러 '주님, 주님' 하는 사람이라고 해

서 다 하늘 나라에 들어가는 것이 아니다. … 내 말을 듣고서도 그대로 행하지 않는 사람은 … 어리석은 사람과 같다 …

**누가복음 2:19** 마리아는 이 모든 말을 **고이** 간직하고 마음속에 곰곰이 되새겼다.

**누가복음 11:27-28** 예수께서는 "오히려, 하나님의 말씀을 듣고 지키는 사람이 복이 있다" 하고 말씀하셨다.

**로마서 10:5-13** "하나님의 말씀은 네게 가까이 있다. 네 입에 있고, 네 마음에 있다" 하는 말씀이 있습니다. 이것은 우리가 전파하는 믿음의 말씀입니다.

**이사야서 50:4-5** 아침마다 나를 깨우쳐 주신다. 내 귀를 깨우치시어 **학자**처럼 알아듣게 하신다. 주 하나님께서 내 귀를 열어 주셨으므로, 나는 주께 거역하지도 않았고, 등을 돌리지도 않았다.

**예레미아서 7:1-11** "나 만군의 주 이스라엘의 하나님이 말한다. 너희의 모든 생활과 행실을 고쳐라 … 모든 생활과 행실을 참으로 바르게 고치고 … 나그네와 고아와 과부를 억압하지 않고 …

## 21. 우리 가운데 계시는 하나님

**마태복음 25:31-46** '주님, 우리가 언제, 주께서 주리신 것을 보고 잡수실 것을 드리고, 목마르신 것을 보고 마실 것을 드리고, 나그네 되신 것을 보고 영접하고 … 언제, 병드시거나 감옥에 갇히신 것을 보고 찾아갔습니까?' 할 것이다 … '내가 진정으로 너희에게 말한다. 너희가 여기 … 지극히 보잘것없는 사람 하나에게 한 것이 곧 내게 한 것이다.'

**마태복음 26:26-30** 그들이 먹고 있을 때에, 예수께서 빵을 들어서 축복하신 다음에, 떼어서 제자들에게 주시고 말씀하셨다. "받아서 먹어라. 이것은 내 몸이다."

**누가복음 24:13-35** 예수께서 몸소 가까이 가서, 그들과 함께 걸으셨다. 그러나 그들은 눈이 가리어서 예수를 알아보지 못하였다.

**골로새서 1:26-29** 이 비밀은 영원 전부터 모든 세대에게 감추어져 있었는데, 지금은 그의 성도들에게 드러났습니다 … 여러분 가운데 계신 그리스도요, 곧 영광의 소망입니다.

**요한복음 14:23** "누구든지 나를 사랑하는 사람은 내 말을 지킬 것이다. 그러면 내 아버지께서 그 사람을 사랑하실 것이요, 우리는 그 사람에게로 가서 그 사람과 함께 살 것이다.

**고린도전서 6:19-20** 여러분은 하나님으로부터 성령을 받아서 여러분 안에 모시고 있습니다.

**고린도후서 6:16-17** 우리는 살아 계신 하나님의 성전입니다. 그것은 하나님께서 말씀하신 바와 같습니다. … 나 주의 말이다.

**마태복음 28:18-20** 보아라, 내가 세상 끝날까지 항상 너희와 함께 있을 것이다.

**마태복음 18:19-20** 두세 사람이 내 이름으로 모이는 자리에는, 내가 그들과 함께 있다.

**고린도후서 13:3-5** 그는 여러분 가운데서 능력을 떨치십니다 … 여러분은 예수 그리스도께서 여러분 가운데 계시다는 것을 알지 못합니까?

## 22. 나에게 드러내 보이시는 하나님

**호세아서 11:1-4**   나는 에브라임에게 걸음마를 가르쳐 주었고, **품에 안아서** 길렀다. 죽을 고비에서 그들을 살려 주었으나, 그들은 그것을 깨닫지 못하였다.

**신명기 32:3-12**   그는 너희를 지으신 아버지가 아니시냐? 너희를 만드시고 일으키신 분이 아니시냐? … 마치 독수리가 그 보금자리를 뒤흔들고 새끼들 위에서 퍼덕이며, 날개를 펴서 새끼들을 받아 그 날개 위에 업어 나르듯이,

**마태복음 20:1-16**   … '내가 후하기 때문에, 그대 눈에 거슬리오?' 이와 같이, 꼴찌들이 첫째가 되고, 첫째들이 꼴찌가 될 것이다.

**디도서 3:3-8**   우리의 구주이신 하나님의 인자하심과 인류를 사랑하심이 나타났을 때에, 하나님께서 우리를 구원하셨습니다 … 우리가 한 의로운 일 때문이 아니라, 그분의 **자비하심**을 따라 … 된 것입니다.

**시편 103:13-22** 부모가 자식을 **긍휼히 여기듯이**, 주께서는 주님을 두려워하는 사람을 그렇게 대하신다 ⋯ 주님을 두려워하는 사람에게는 주의 사랑이 영원에서 영원까지 이르고 ⋯

**이사야서 49:8-16** 어머니가 어찌 제 젖먹이를 잊겠으며, 제 태에서 낳은 아들을 어찌 긍휼히 여기지 않겠느냐! 비록 어머니가 자식을 잊는다 하여도, 나는 절대로 너를 잊지 않겠다 ⋯ 내가 네 이름을 내 손바닥에 새겼고 ⋯

**요한복음 7:37-39** 예수께서 일어서서 큰소리로 말씀하셨다. "목마른 사람은 다 내게로 와서 마셔라 ⋯ 이것은 예수를 믿은 사람들이 받게 될 성령을 가리켜서 하신 말씀이다.

**마태복음 9:10-13** 바리새파 사람들이 이것을 보고, 예수의 제자들에게 "어찌하여 당신네 선생은 세리와 죄인들과 어울려서 음식을 드시오?" 하고 말하였다 ⋯ 예수께서 그 말을 듣고 말씀하셨다 ⋯ 너희는 가서 '내가 바라는 것은 자비요, 희생제물이 아니다' 하신 말씀이 무슨 뜻인지 배워라.

**마태복음 21:28-32** "내가 진정으로 너희에게 말한다. 세리와 창녀들이 오히려 너희보다 먼저 하나님의 나라에 들어간다.

**요한복음 17:21-26** 아버지, 그들도 하나가 되어서 우리 안에 있게 하여 주십시오. … 아버지께서 나를 사랑하신 것과 같이 그들도 사랑하셨다는 것을, 세상이 알게 하려는 것입니다.

## 23. 사랑 어린 관심

**시 145** 주님은 은혜롭고 자비로우시며, 노하기를 더디하시며, 인자하심이 크시다 … 주님은 넘어지는 피조물을 모두 붙들어 주시며, 짓눌린 모든 사람을 모두 일으켜 세우신다 … 주님은, 주님을 부르는 모든 사람에게 가까이 계시고, 진심으로 부르는 사람에게 가까이 계신다.

**요한복음 4:3-15** "네가 하나님의 은사를 알고, 또 너에게 물을 달라는 사람이 누구인지를 알았더라면 … 내가 주는 물을 마시는 사람은, 영원히 목마르지 않을 것이다. 내가 주는 물은 그 사람 속에서, 영생에 이르게 하는 샘물이 될 것이다."

**로마서 8:28-39** 하나님을 사랑하는 사람들과 **서로 협력하여** … 모든 일을 **선으로 바꾸신다**는 것을 압니다 … 죽음도, 삶도, 천사들도, 권세자들도, 현재 일도, 장래 일도, 능력도, 높음도, 깊음도, 그 밖에 어떤 피조물도 우리를 우리 주 예수 그리스도 안에 있는 하나님의 사랑에서 끊을 수 없습니다.

**마태복음 18:12-14** 어떤 사람에게 양 백 마리가 있는데, 그 가운데 한 마리가 길을 잃었으면, … 길을 잃은 그 양을 찾아 나서지 않겠느냐? … 이와 같이, 이 작은 사람들 가운데서 하나라도 망하는 것은, 하늘에 계신 너희 아버지의 뜻이 아니다."

**이사야서 55** 너희 모든 목마른 사람들아, 어서 물로 나오너라. 돈이 없는 사람도 오너라 … 주께서 너그럽게 용서하여 주실 것이다.

**데살로니가후서 2:13-17** 하나님께서는 처음부터 여러분을 택하여 주셨습니다 … 그래서 여러분에게 우리 주 예수 그리스도의 영광을 얻게 하셨습니다.

**누가복음 15:11-32** 그가 아직도 먼 거리에 있는데, 그의 아버지가 그를 보고 측은히 여겨서, 달려가 그의 목을 껴안고, 입을 맞추었다.

**시편 139** 주께서 멀리서도 내 생각을 다 알고 계십니다 … 주께서 내 속 내장을 창조하시고, 내 모태에서 나를 짜 맞추셨습니다. 내가 이렇게 태어났다는 것이 오묘하고 주께서 하신 일이 놀라워, 이 모든 일로, 내가 주님께 감사를 드립니다.

**로마서 5:1-5**  … 우리 주 예수 그리스도로 말미암아 하나님과 더불어 평화를 누립니다. 우리는 또한, 그리스도로 말미암아 지금 서 있는 이 은혜의 자리에 믿음으로 나아왔고 …

**시편 23**  주님은 나의 목자시니, 내게 아쉬움 없어라 … 나를 인도하신다. 내가 비록 죽음의 그늘 골짜기로 다닐지라도, 주께서 나와 함께 계시고, 주의 지팡이와 막대기로 나를 위로해 주시니, 내게는 두려움이 없습니다.

## 24. 하나님의 약속

**베드로후서 1:3-11**  그분은 그 영광과 덕으로, 귀중하고 아주 위대한 약속들을 우리에게 **아낌없이** 주셨습니다. 그것은 이 약속들로 말미암아 … 신적 성품에 참여하는 사람이 되게 하시려는 것입니다.

**로마서 4:16-25**  아브라함은 끝내 하나님의 약속을 믿고 의심하지 않았을 뿐만 아니라, 더욱 굳게 믿으며, 하나님께 영광을 돌렸습니다. 그는, 하나님께서 스스로 약속하신 바를 능히 이루실 것이라고 확신하였습니다.

**고린도후서 1:19-22**  하나님의 아들 예수 그리스도는 '예'이시며 동시에 '아니오'도 되시는 분이 아니었습니다. 그리스도 안에는 '예'만 있을 뿐입니다. 하나님의 모든 약속은 그리스도 안에서 '예'가 됩니다.

**누가복음 24:44-53**  보아라, 내가 내 아버지께서 약속하신 것을 너희에게 보낸다. 그러므로 너희는 위로부터 오는 능력을 입을 때까지, 이 성에 머물러 있어라.

**에베소서 3:5-12** 이방 사람들이 복음을 듣고서 … 함께 약속을 받은 지체가 되는 것입니다 … 만물을 창조하신 하나님 안에 영원 전부터 감추어져 있는 비밀의 경륜이 무엇인지를 모두에게 밝히게 하셨습니다.

**요한일서 2:20-25** 거짓은 어느 것이나 진리에서 나오지 않는다는 것을 알기 때문입니다 … 그분이 친히 우리에게 주신 약속인데, 곧 영원한 생명입니다.

**민수기 23:19-20** 하나님은 사람이 아니시다. 거짓말을 하지 아니하신다. 사람의 아들이 아니시니, 변덕을 부리지도 아니하신다. 어찌 말씀하신 대로 하지 아니하시랴? 어찌 약속하신 것을 이루지 아니하시랴?

**에스겔서 34:11-16** 내가 직접 내 양떼를 먹이고, 내가 직접 내 양떼를 눕게 하겠다. 나 주 하나님의 말이다. 헤매는 것은 찾아오고, 길 잃은 것은 도로 데려오며, 다리가 부러지고 상한 것은 싸매어 주며, 약한 것은 튼튼하게 만들겠다 … 내가 이렇게 **공평하게 먹이겠다.**

**이사야서 46:3-11** 너희가 늙을 때까지 내가 너희를 안고 다니고, 너희가 백발이 될 때까지 내가 너희를 품고 다니겠다 … 내가 말하였으니, 내가 그것을 곧 이루겠으며, 내가 계획하였으니, 내가 곧 그것을 성취하겠다.

**에스겔서 36:24-28**  너희에게 새로운 마음을 주고 너희 속에 새로운 영을 넣어 주며, 너희 몸에서 돌같이 굳은 마음을 없애고 살갗처럼 부드러운 마음을 주며 …

## 25. 감사

**마가복음 5:18-20** "네 집으로 가서, 가족에게, 주께서 너에게 큰 은혜를 베푸셔서 너를 불쌍히 여기신 일을 이야기하여라."

**누가복음 17:11-19** 그들은 멀찍이 멈추어 서서, 소리를 질러 말하기를 "예수 선생님, 우리를 불쌍히 여겨 주십시오" 하였다 … 그들이 가는 동안에 몸이 깨끗해졌다 … 그들 가운데 하나는 … 예수의 발 앞에 엎드려 감사를 드렸다 … 예수께서 말씀하셨다. "열 사람이 깨끗해지지 않았느냐? 그런데 아홉은 어디에 있느냐?

**골로새서 3:16-17** 그리스도의 말씀이 여러분 가운데 풍성히 살아 있게 하십시오 … 감사한 마음으로 … 하나님께 마음을 다하여 찬양하십시오.

**시편 116** 여호와께서 내 음성과 내 간구를 들으시므로 내가 그를 사랑하는도다 … 내게 주신 모든 은혜를 내가 여호와께 무엇으로 보답할까.

**시편 104** 내가 평생토록 여호와께 노래하며 내가 살아 있는 동안 내 하나님을 찬양하리로다. … 여호와로 말미암아 즐거워하리로다.

**에베소서 5:15-20** 세월을 아끼라 … 오직 성령으로 충만함을 받으라 … 범사에 우리 주 예수 그리스도의 이름으로 항상 아버지 하나님께 감사하며 …

**골로새서 2:2-10** 여러분이 그리스도 예수를 주님으로 받아들였으니, 그의 안에서 살아가십시오. 여러분은 그의 안에 뿌리를 박고, 세우심을 입어서, 가르침을 받은 대로 믿음을 굳게 하여, 감사의 마음이 넘치게 하십시오.

**시편 50:8-15** 너희가 하나님에게 가져 올 참 제사는 감사하는 마음이요, 너희가 '가장 높으신 분'에게 가져 올 참 서원제는 너희가 맹세한 것을 지키는 바로 그것이다.

**시편 100** 기쁨으로 주님을 섬기고, 환호성을 올리면서, 그 앞으로 나아가거라! 감사의 노래를 드리며, 그 이름을 송축하여라!

**시편 65** 주님을 찬양함이 마땅한 일이니, 주께 한 맹세를 지키렵니다 … 저마다 지은 죄 감당하기에 너무 어려울 때에, 오직 주님만이 그 죄를 씻어 주십니다 … 모든 사람이 주님을 **의지**합니다.

## 26. 하나님의 말씀을 들려주심

**마가복음 4:1-20** "들을 귀가 있는 사람은 들어라." … 말씀을 듣고 받아들여서, 삼십 배, 육십 배, 백 배의 열매를 맺는다.

**마태복음 17:1-8** 이는 내 사랑하는 아들이다 … 너희는 그의 말을 들어라" 하는 소리가 들려왔다 … 예수께서 가까이 오셔서, 그들에게 손을 대시고서 "일어나거라. 두려워하지 말아라" 하고 말씀하셨다.

**누가복음 10:38-42** 마리아는 주의 발 곁에 앉아서 말씀을 듣고 있었다 … 마르다가 예수께 와서 말하였다. "주님, … 가서 거들어 주라고 내 동생에게 말씀해 주십시오."

**요한복음 10:27-30** 내 양들은 내 음성을 듣는다 … 나는 그들에게 영원한 생명을 준다. 그들은 영원토록 멸망하지 않을 것이요, 또 어느 누구도 그들을 내 손에서 빼앗아 가지 못할 것이다.

**누가복음 10:23-24**  ⋯ 많은 예언자와 왕이, 너희가 지금 보고 있는 것을 보고자 하였으나 보지 못하였고, 너희가 지금 듣고 있는 것을 듣고자 하였으나 듣지 못하였다.

**시편 37:3-7**  여호와 앞에 잠잠하고 참고 기다리라.

**요한복음 5:35-47**  나를 보내신 아버지께서 친히 나를 위하여 증언해 주신다. 너희는 그의 음성을 들은 일도 없고 ⋯ 또 그의 말씀이 너희 속에 머물러 있지도 않다. 그것은 너희가, 그분이 보내신 이를 믿지 않기 때문이다.

**로마서 10:14-21**  들은 적이 없는 분을 어떻게 믿겠습니까? ⋯ 그러므로 믿음은 들음에서 생기고, 들음은 그리스도를 전하는 말씀에서 비롯됩니다.

**이사야서 43:1-2**  "내가 너를 속량하였으니, 두려워하지 말아라. 내가 너를 지명하여 불렀으니, 너는 나의 것이다."

**요한계시록 3:12-22**  보아라, 내가 문 밖에 서서, 문을 두드리고 있다. 누구든지 내 음성을 듣고 문을 열면, 나는 그에게로 들어가서 ⋯

## 27. 기쁨

**요한복음 3:28-30**  나는 이런 기쁨으로 가득 차 있다. 그는 흥하여야 하고, 나는 쇠하여야 한다.

**요한복음 16:20-24**  지금 너희는 슬픔에 싸여 있지만, 내가 다시 너희를 볼 때에는 너희의 마음이 기쁠 것이요, 그 기쁨을 너희에게서 빼앗을 사람이 없을 것이다.

**누가복음 24:36-43**  예수께서 몸소 그들 가운데 들어서서 "너희에게 평화가 있기를!" 하고 말씀하셨다 … 그들은 너무 기뻐서, 아직도 믿지 못하고 놀라워하고 있는데 …

**베드로전서 1:3-9**  여러분은, 그리스도를 본 일이 없으면서도 사랑하며, 지금 그를 볼 수 없으면서도 믿으며, 말로 다 표현할 수 없는 영광과 즐거움을 바라보면서 기뻐하고 있습니다.

**누가복음 24:50-53**  그들은 예수께 경배하고, 크게 기뻐하며 예루살렘으로 돌아가서, 늘 성전에서 하나님을 찬양하며 지냈다.

**요한일서 1:1-5**  생명의 말씀에 관하여는 우리가 들은 바 요 눈으로 본 바요 자세히 보고 우리의 손으로 만진 바라 … 우리가 보고 들은 바를 너희에게도 전함은 너희로 우리와 사귐이 있게 하려 함이니 … 우리의 기쁨이 충만하게 하려 함이라.

**누가복음 1:40-55**  "내 마음이 주님의 **위대하심을 선포하며**, 내 영혼이 내 구주 하나님을 **기뻐합니다**.

**시편 84**  내 마음도 이 몸도, 살아 계신 하나님께 기쁨의 노래 부릅니다 … 주님께서 주시는 힘을 얻고, 마음이 이미 시온의 순례길에 오른 사람들은 복이 있습니다.

**요한계시록 19:5-9**  할렐루야, 주 우리 하나님, 전능하신 분께서 왕권을 잡으셨다. 기뻐하고 즐거워하며, 하나님께 영광을 돌리자.

**로마서 14:17-19**  하나님의 나라는 먹는 일과 마시는 일이 아니라, 성령 안에서 누리는 의와 평화와 기쁨입니다.

## 28. 하나님 나라와 가난한 자

**신명기 8:11-20** 너희가 먹고 싶은 것을 배불리 먹으며 … 은과 금이 많아져서 너희의 재산이 늘어날 때, … 너희의 하나님을 잊어버리는 일이 없도록 하여라.

**마가복음 10:17-27** "재산을 가진 사람은, 하나님의 나라에 들어가기가 참으로 어렵다." … "사람은 할 수 없으나 … 하나님은 무슨 일이나 다 하실 수 있다."

**누가복음 14:15-24** "어떤 사람이 큰 잔치를 베풀고, 많은 사람을 초대하였다 … 그런데 그들은 모두 하나같이, 핑계를 대기 시작하였다 … 집주인이 노하여 종더러 말하기를 '어서 시내의 거리와 골목으로 나가서 가난한 사람들과 지체에 장애가 있는 사람들과 눈먼 사람들과 다리 저는 사람들을 이리로 데려오너라' 하였다.

**신명기 24:12-22** 같은 겨레 가운데서나 너희 땅 성문 안에 사는 외국 사람 가운데서, 가난하여 품팔이하는 사람을 억울하게 해서는 안 된다.

**시편 37:8-17** 악인들은 칼을 뽑아 치켜들고 … 비천하고 가난한 사람들을 쓰러뜨리며, … 죽이려고 하지만 … 그 칼에 오히려 자기 가슴만 뚫릴 것이니 …

**야고보서 2:12-17** 믿음에 행함이 따르지 않으면, 그 자체만으로는 죽은 것입니다.

**마가복음 12:41-44** 예수께서 무리가 어떻게 헌금함에 돈을 넣는가를 보고 계셨다. 많이 넣는 부자가 여럿 있었다. 그런데 가난한 과부 한 사람은 와서, 렙돈 두 닢, 곧 한 고드란트를 넣었다. … 이 과부는 **더 많이 넣었다**, 곧 자기 생활비 전부를 털어 넣었다.

**시편 41:1-3** 가난하고 힘없는 사람을 이해하는 사람은 복이 있다. 재난이 닥칠 때에 주께서 그를 구해 주신다. 주께서 그를 지키시며 살게 하신다.

**신명기 10:14-21** (주님은) 고아와 과부를 공정하게 재판하시며, 나그네를 사랑하셔서 그에게 먹을 것과 입을 것을 주시는 분이시다.

**사도행전 20:28-36** 여러분은 자기 스스로를 잘 살피십시오 … **양떼를 잘 보살피십시오** … 이렇게 힘써 일해서 약한 사람을 도와주는 것이 마땅합니다. 그리고 주 예수께서 친히 '주는 것이 받는 것보다 더 복이 있다' 하신 말씀을, 반드시 명심해야 합니다."

## 29. 예수님에게서 배움 (1)

**마태복음 13:31-32** "하늘 나라는 겨자씨와 같다 … 겨자씨는 어떤 씨보다 더 작은 것이지만, 자라면 어떤 풀보다 더 커져서 나무가 되며 …

**요한복음 2:13-25** 성전 뜰에 소와 양과 비둘기를 파는 사람들과 환전상들이 앉아 있는 것을 보시고, … 그들을 모두 성전에서 내쫓으시고, 돈을 바꾸어 주는 사람들의 돈을 쏟아 버리시고, 상을 둘러 엎으셨다. … "이것을 거둬치워라. 내 아버지의 집을 장사하는 집으로 만들지 말아라" …

**요한복음 15:14-17** 나는 너희를 친구라고 불렀다 … 너희가 나를 택한 것이 아니라, 내가 너희를 택하여 세운 것이다.

**누가복음 17:7-10** "이와 같이 너희도 명령을 받은 대로 다 하고 나서 '우리는 쓸모 없는 종입니다. 우리는 마땅히 해야 할 일을 하였을 뿐입니다' 하여라."

**마태복음 12:15-21**   보아라, 내가 뽑은 나의 종, 내 마음에 드는 사랑하는 자 … 그는 상한 갈대를 꺾지 않고, 꺼져 가는 심지를 끄지 않을 것이다.

**마태복음 7:12-20**   무엇이든지, 남에게 대접을 받고자 하는 대로, 너희도 남을 대접하여라 … "좁은 문으로 들어가거라 … 생명으로 이끄는 문은 너무나도 좁고, 그 길이 험해서, 그곳을 찾아오는 사람이 별로 없다."

**요한복음 7:14-18**   "나의 가르침은 내 것이 아니라, 나를 보내신 분의 것이다. 하나님의 뜻을 따르려는 사람은 누구든지, 이 가르침이 하나님께로부터 난 것인지, 내 마음대로 말하는 것인지를 알 것이다.

**마가복음 2:1-12**   예수께서는 그들의 믿음을 보시고, 중풍병 환자에게 "아들아, 네 죄가 용서함을 받았다" 하고 말씀하셨다 … 사람들은 모두 크게 놀라서 하나님을 찬양하고 …

**요한복음 21:1-14**   예수께서는 바닷가에 서 계셨다 … 그들이 땅에 올라와서 보니, 숯불을 피워 놓았는데, 그 위에 생선이 놓여 있고, 빵도 있었다 … 예수께서 그들에게 "와서 아침을 먹어라" 하고 말씀하셨다.

**마태복음 13:24-30** "하늘 나라는 자기 밭에다가 좋은 씨를 뿌리는 사람과 같다. 사람들이 잠자는 동안에 원수가 와서, 밀 가운데 가라지를 뿌리고 갔다 … 종들이 주인에게 말하기를 '그러면 우리가 가서, 그것들을 뽑아 버릴까요?' 하였다.

## 30. 예수님에게서 배움 (2)

**요한복음 8:1-11** "너희 가운데서 죄가 없는 사람이 먼저 이 여자에게 돌을 던져라" … 이 말씀을 들은 사람들은, 나이가 많은 이로부터 시작하여 하나하나 돌아가고 …

**마태복음 15:21-28** 가나안 여자 한 사람이 … 외쳐 말하였다. … "나를 불쌍히 여겨 주십시오." … 예수께서는 한 마디도 대답하지 않으셨다 … 그러나 그 여자는 … "주님, 나를 도와주십시오" 하고 간청하였다 … 예수께서 그 여자에게 말씀하셨다. "여자야, 참으로 네 믿음이 크다. 네 소원대로 될 것이다."

**마태복음 22:34-40** '네 마음을 다하고 네 목숨을 다하고, 네 뜻을 다하여, 주 너의 하나님을 사랑하여라' … '네 이웃을 네 몸 같이 사랑하여라' … 이 두 계명에 모든 율법과 예언자들의 본 뜻이 달려 있다.

**누가복음 9:1-6** 하나님의 나라를 선포하라고 그들을 내보내셨다. … "길을 떠나는 데는, 아무것도 가지고 가지 말아라 … 제자들은 나가서 곳곳에서 복음을 전하며 …

**요한복음 3:17-21**  빛이 세상에 들어왔지만 … 어둠을 더 좋아하였다 … 그러나 진리를 따르는 사람은 빛으로 나아간다.

**요한복음 20:11-20**  마리아는 무덤 밖에 서서 울고 있었다 … 예수께서 마리아에게 말씀하셨다. "여인아, 왜 울고 있느냐? 누구를 찾느냐?"

**마태복음 26:47-56**  유다가 곧바로 예수께 다가가서 "안녕하십니까? 선생님!" 하고 말하고, 입을 맞추었다. 예수께서 그에게 말씀하셨다. "친구여" … 그때에 제자들은 모두, 예수를 버리고 달아났다.

**마가복음 13:33-37**  조심하고, 깨어 있어라. … 집주인이 언제 올는지 … 너희가 알지 못하기 때문이다 … 주인이 갑자기 오더라도, 너희가 잠자고 있는 것을 보게 되는 일이 없도록 하여라.

**누가복음 7:1-10**  … 백부장은 친구들을 보내어, "주님, 더 수고하실 것 없습니다. 나는 주님을 내 집에 모셔 들일 만한 자격이 없습니다. 그저 말씀만 하셔서, 내 종을 낫게 해주십시오." … 예수께서 이 말을 들으시고, 그를 놀랍게 여기시어 …

**요한복음 5:1-20**  아들은 아버지께서 하시는 것을 보는 대로 따라 할 뿐이요, 아무것이나 마음대로 할 수 없다.

## 31. 예수님에게서 배움 (3)

**요한복음 4:21-26** 하나님은 영이시다. 그러므로 하나님께 예배를 드리는 사람은 영과 진리로 예배를 드려야 한다 … 여자가 말하기를 "나는, 그리스도라고 하는 메시아가 오실 것을 압니다" … 하니, 예수께서 "너에게 말하고 있는 내가 그다" 하고 말씀하셨다.

**마태복음 12:46-50** 제자들을 손으로 가리키며 "보아라, 내 어머니와 내 형제들이다. 하늘에 계신 내 아버지의 뜻을 행하는 사람이 곧 내 형제요 자매요 어머니다" 하고 말씀하셨다.

**마태복음 21:28-32** "너희는 어떻게 생각하느냐? 어떤 사람에게 아들이 둘 있는데 … 그런데 이 둘 가운데에 누가 아버지의 뜻대로 하였느냐?"

**누가복음 9:18-22** 예수께서 그들에게 말씀하셨다. "그러면 너희는 나를 누구라고 하느냐?"

**마가복음 9:2-9** 예수께서 … 데리시고, 따로 높은 산으로 가셨다. 그런데, 그들이 보는 앞에서, 그의 모습이 변하였다 … 베드로가 대답하여 예수께 말하였다 … 우리가 여기에 있는 것이 좋겠습니다. 우리가 초막 셋을 지어서 …

**요한복음 8:12** "나는 세상의 빛이다. 나를 따르는 사람은 어둠 속에 다니지 않고, 생명의 빛을 얻을 것이다."

**마가복음 12:28-34** 예수께 물었다. "모든 계명 가운데서 가장 으뜸되는 것은 어느 것입니까?" 예수께서 대답하셨다 … 주 너의 하나님을 사랑하여라 … '네 이웃을 네 몸 같이 사랑하여라.'

**요한복음 6:14-15** 예수께서는, 사람들이 와서, 억지로 자기를 모셔다가 왕으로 삼으려고 한다는 것을 아시고, 혼자서 다시 산으로 물러가셨다.

**요한복음 12:44-50** 나를 보는 사람은 나를 보내신 분을 보는 것이다. 나는 빛으로 세상에 왔다. 그것은 나를 믿는 사람이면, 누구든지 어둠 속에 머무르지 않게 하려는 것이다.

**요한복음 21:15-17** 예수께서 세 번째로 물으셨다. "요한의 아들 시몬아, 네가 나를 사랑하느냐?" … 예수께서 그에게 말씀하셨다. "내 양을 먹여라."

# 32. 사순절

**누가복음 5:27-39** "나는 의인을 부르러 온 것이 아니라, 죄인을 불러서 회개시키러 왔다."

**요한일서 1:6-10** … 우리가 죄가 없다고 말하면, 우리는 스스로를 속이는 것이요, 진리가 우리 안에 없는 것입니다. 우리가 우리의 죄를 자백하면, … 우리의 죄를 용서해 주시고, 모든 불의에서 우리를 깨끗하게 해주실 것입니다.

**요엘서 2:12-14** "지금이라도 너희는 진심으로 회개하여라. 나 주가 말한다 … 주께서는 은혜롭고 자비로우시며, 오래 참으시며, 한결같은 사랑을 늘 베푸시고 …

**이사야서 58:1-12** "이것이 어찌 내가 기뻐하는 금식이겠느냐? 이것이 어찌 사람이 통회하며 괴로워하는 날이 되겠느냐?" "내가 기뻐하는 금식은 … 굶주린 사람에게 너의 양식을 나누어 주는 것, 떠도는 불쌍한 사람을 집에 맞아들이는 것이 아니겠느냐?

**시편 51** 하나님, 주의 한결같은 사랑으로 내게 자비를 베풀어 주십시오. 주의 긍휼을 베푸시어 내 반역죄를 없애 주십시오 … 아, 하나님, 내 속에 깨끗한 마음을 새로 지어 주시고 내 안에 정직한 새 영을 넣어 주십시오.

**누가복음 9:23-26** 누구든지 제 목숨을 구하려고 하는 사람은 잃을 것이요, 누구든지 나를 위하여 제 목숨을 잃는 사람은 구할 것이다.

**시편 40** 제사나 예물도, 주께서는 원하지 않으시고 … 주께서는 오히려 내 두 귀를 열어 주셨으니 … 주의 법을 제 마음 속에 간직하고 있습니다 … 나는 불쌍하고 가난하지만, 주님, 나를 생각하여 주십시오.

**이사야서 42:1-4** "나의 종을 보아라. 그는 내가 붙들어 주는 사람이다. 내가 택한 사람, 내가 마음으로 기뻐하는 사람이다. 내가 그에게 나의 영을 주었으니, 그가 뭇 민족에게 공의를 베풀 것이다."

**욥기 19:25-27** 내 살갗이 다 썩은 다음에라도, 내 육체가 다 썩은 다음에라도, 나는 하나님을 뵈올 것이다. 내가 그를 직접 뵙겠다.

**시편 42** 하나님, 사슴이 타도록 목말라 시냇물을 찾듯, 내 영혼이 주님을 찾아 애태웁니다. … 내 영혼아, 네가 어찌하여 그렇게 낙심하며, 어찌하여 그렇게 괴로워하느냐? 너는 하나님을 **기다려라**.

## 33. 영원한 생명

**요한복음 17:1-3**   영생은 오직 한 분이신 참 하나님을 알고 또 아버지께서 보내신 예수 그리스도를 아는 것입니다.

**요한복음 5:21-30**   나의 말을 듣고 또 나를 보내신 분을 믿는 사람은 영생을 얻고, 심판을 받지 않는다. 그는 죽음에서 생명으로 옮겨 갔다.

**요한복음 11:25-26**   "나는 부활이요 생명이니, 나를 믿는 사람은 죽어도 살고, 살아서 나를 믿는 사람은 영원히 죽지 않을 것이다.

**고린도전서 15:49-57**   우리가 흙으로 빚은 그 사람의 형상을 입은 것과 같이, 또한 하늘에 속한 그분의 형상을 입을 것입니다.

**요한계시록 21:1-7**   그들의 눈에서 모든 눈물을 닦아 주실 것이니, 다시는 죽음이 없고, 슬픔도 울부짖음도 고통도 없을 것이다.

**요한복음 14:1-3**  나는 너희가 있을 곳을 마련하러 간다. 내가 가서 너희가 있을 곳을 마련하면, 다시 와서 너희를 나에게로 데려다가, 내가 있는 곳에 너희도 함께 있게 하겠다.

**디모데후서 2:10-13**  우리가 주님과 함께 죽었으면 또한 그와 함께 살 것이요 … 우리는 신실하지 못하더라도, 그는 언제나 신실하십니다.

**요한복음 6:67-69**  주님, 우리가 누구에게로 가겠습니까? 선생님께는 영원한 생명의 말씀이 있습니다

**요한일서 5:12-13**  그 아들을 모신 사람은 생명을 가진 사람이고 …

**고린도후서 4:13-15**  우리는, 주 예수를 살리신 분이 예수와 함께 우리도 살리시고, 여러분과 함께 자기 앞에 세워 주시리라는 것을 알고 있습니다.

## 34. 생명을 주는 성령

**누가복음 1:26-38** "성령이 네게 임하시고, 가장 높으신 분의 능력이 너를 감싸 줄 것이다. 그러므로 태어날 아기는 거룩한 분이요, 하나님의 아들이라고 불릴 것이다."

**요한복음 14:25-26** 보혜사, 곧 아버지께서 내 이름으로 보내실 성령께서, 너희에게 모든 것을 가르쳐 주시고, 또 내가 너희에게 말한 모든 것을 생각나게 하실 것이다.

**사도행전 9:10-19** 아나니아가 떠나서, 그 집에 들어가, 사울에게 손을 얹고 "사울 형제, 형제가 오는 도중에 형제에게 나타나신 주 예수께서 나를 보내셨습니다 … 성령으로 충만하게 하시려는 것입니다."

**사도행전 8:26-39** 성령이 빌립에게 "가서, 마차에 바싹 다가서거라" 하고 말씀하시니, 빌립이 달려가서, 그 사람이 예언자 이사야의 글을 읽는 것을 듣고 … 빌립은 입을 열어서 이 성경 말씀에서부터 시작해서, 예수를 알리는 기쁜 소식을 전하였다.

**요한일서 4:12-15** 하나님께서 우리에게 당신의 영을 나누어 주셨습니다. 이것으로 우리는, 우리가 하나님 안에 있고, 또 하나님께서 우리 가운데 계신다는 것을 압니다.

**에베소서 2:17-22** 이방 사람과 유대 사람 양쪽 모두, 그리스도로 말미암아 한 성령 안에서 아버지께로 나아가게 되었습니다.

**사도행전 1:1-8** 성령이 너희에게 내리시면, 너희는 권능을 받고, 예루살렘과 온 유대와 사마리아에서, 그리고 마침내 땅 끝까지, 나의 증인이 될 것이다.

**에스겔서 37:11-14** 내가 너희 속에 생기를 불어넣어, 너희가 다시 살아나게 하겠다. … 그때에야 비로소 너희는, 내가 주인 줄 알게 될 것이다.

**요엘 3:1-2** 때가 되어 그 날이 오면, 내가 유다와 예루살렘을 회복시켜서 번영하게 하겠다. **만민에게 내 영을 부어 주리라** …

**요한복음 3:3-8** 누구든지 물과 성령으로 나지 않으면, 하나님 나라에 들어갈 수 없다 … **성령**으로 난 것은 영이다.

# 35. 새로운 생명: 부활의 신비

**로마서 7:4-6** 이제 여러분은 다른 분, 곧 죽은 사람들 가운데서 살아나신 그분에게 속하였습니다 … 지금은, 우리가 우리를 얽어 매던 것에서 죽어서, 율법에서 벗어났습니다.

**에베소서 2:1-7** 하나님은 자비가 넘치는 분이셔서, 우리를 사랑하신 그 큰 사랑으로, 범죄로 죽었던 우리를 그리스도와 함께 살려 주셨습니다.

**고린도후서 5:1-9** … 그것은 죽을 것이 생명에 삼킴을 받게 하려 함입니다. 이런 일을 우리에게 마련해 주시고, 그 보증으로 성령을 우리에게 주신 분은 하나님이십니다.

**요한계시록 1:4-8** 죽은 사람의 첫 열매이신 … 예수 그리스도께서는 우리를 사랑하시며, 자기의 피로 우리의 죄에서 우리를 해방하여 주셨고 …

**누가복음 7:18-23** … 눈먼 사람이 보고, 다리 저는 사람이

걷고 … 죽은 사람이 살아나고, 가난한 사람이 복음을 듣는다. 나에게 의심을 품지 않는 사람은 복이 있다.

**사도행전 17:22-34** 그분은 모든 사람에게 생명과 호흡과 모든 것을 주시는 분이십니다 … '우리는 하나님 안에서 살고 움직이고 존재하고 있습니다.'

**베드로전서 2:21-25** 그는 우리 죄를 그의 몸에 몸소 지시고, 나무에 달리셨습니다. 그것은 우리가 죄에는 죽고, 의에는 살게 하시려는 것입니다.

**로마서 1:3-7** 이 아들로 말하면 … 거룩한 영으로는 죽은 사람들 가운데서 부활하심으로, 권능으로 하나님의 아들로 확정되셨으니, 곧 우리 주 예수 그리스도이십니다. … 여러분도 그들 가운데서 부르심을 받고 예수 그리스도의 사람이 되었습니다.

**고린도후서 4:7-12** 우리는 이 보물을 질그릇 속에 담고 있습니다. 그것은, 이 엄청난 능력이 하나님에게서 나오는 것이지, 우리에게서 나오는 것이 아님을 드러내시려고 하는 것입니다 … 그것은 예수의 생명을, 우리 몸에 나타나게 하려고 하는 것입니다.

**로마서 5:6-11** 우리가 아직 죄인으로 있을 때에, 그리스도께서는 우리를 위하여 죽으심으로써, 하나님께서 우리에게 주시는 사랑을 나타내셨습니다 … 그로 말미암아 하나님과 우리 사이에 화해가 이루어졌습니다.

## 36. 평강과 확신

**요한복음 14:27-29** 나는 내 평화를 너희에게 준다. 내가 주는 평화는, 세상이 주는 평화와 같은 것이 아니다. 너희는 마음에 근심하지 말고, 두려워하지도 말아라.

**요한복음 16:25-33** 아버지께서는 친히 너희를 사랑하신다. 너희가 나를 사랑하였고, 또 … 믿었기 때문이다 … 내가 이렇게 말한 것은, 너희로 하여금 내 안에서 평화를 얻게 하려는 것이다.

**히브리서 10:14-24** 그는 또 말씀하셨습니다. "나는 그들의 죄와 그들의 불법을 더 이상 기억하지 않을 것이다." … 또 우리에게 약속하신 분은 신실하시니 …

**누가복음 12:22-32** 내가 너희에게 말한다. 목숨을 부지하려고 '무엇을 먹을까' 하고 걱정하지 말고 … 무서워하지 말아라. 적은 무리들아, 너희 아버지께서 그 나라를 너희에게 주시기를 기뻐하신다.

**시편 52:8-9**  그러나 나만은 하나님의 집에서 자라는, 푸른 잎이 무성한 올리브 나무처럼, 언제나 하나님의 한결같은 사랑만을 의지한다. 주께서 하신 일을 생각하며, 주님을 영원히 찬양하렵니다.

**이사야서 9:5-6**  한 아기가 우리에게서 태어났다. 그는 우리의 통치자가 될 것이다. 그의 이름은 … '영존하시는 아버지, 평화의 왕'이라고 불릴 것이다.

**야고보서 3:13-18**  위에서 오는 지혜는 먼저 순결하고, 다음으로 평화스럽고, 친절하고, 온순하고 … 정의의 열매는, 평화를 이룩하는 사람이 평화를 위하여 그 씨를 뿌려서 거두어들이는 열매입니다.

**이사야서 40:28-30**  주님은 영원하신 하나님이시다 … 그 지혜가 무궁하신 분이시다. 피곤한 사람에게 힘을 주시며, 기운을 잃은 사람에게 기력을 주시는 분이시다.

**시편 4**  … 주께서는, 내가 부르짖을 때에 들어 주신다 … 내가 편히 눕거나 잠드는 것도, 주께서 나를 평안히 쉬게 하여 주시기 때문입니다.

**히브리서 7:25-27**  그는 자기를 통하여 하나님께 나아오는 사람들을 언제나 구원하실 수 있습니다. 그는 늘 살아 계셔서, 그들을 위하여 중재의 간구를 하십니다.

## 37. 성경 속의 기도

**야고보서 5:13-20** 여러분 가운데 고난을 받는 사람이 있습니까? 그런 사람은 기도하십시오 … 의인이 간절히 비는 기도는, 큰 효력을 냅니다.

**누가복음 6:12-13** 예수께서 기도하려고 산으로 떠나가서, 밤을 새우면서 하나님께 기도하셨다.

**마태복음 26:36-44** 예수께서 제자들과 함께 겟세마네라고 하는 곳에 가서, 그들에게 "내가 저기 가서 기도하는 동안에, 너희는 여기에 앉아 있어라" 하시고 … 예수께서는 조금 더 나아가서, 얼굴을 땅에 대고 엎드려 기도하셨다.

**누가복음 22:39-46** 예수께서 … 무릎을 꿇고 기도하였다. "아버지, … 내 뜻대로 되게 하지 마시고, 아버지의 뜻대로 되게 하십시오." … 땀이 핏방울같이 되어서 땅에 떨어졌다.

**마가복음 11:24-25** 너희가 서서 기도할 때에, 어떤 사람과 서로 등진 일이 있으면, 용서하여라 …

**시편 95:1-7** 찬송을 부르며 그의 앞으로 나아가서 … 우리가 엎드려 경배하자. 우리를 지으신 주님 앞에 무릎을 꿇자.

**시편 100** 주님께 환호성을 올려라 … 기쁨으로 주님을 섬기고, 환호성을 올리면서, 그 앞으로 나아가거라. … 감사의 노래를 드리며, 그 이름을 송축하여라.

**디모데전서 2:1-8** 나는, 무엇보다도 먼저, 모든 사람을 위해서 하나님께 간구와 기도와 중보의 기도와 감사를 드리라고 그대에게 권합니다 … 그래야 우리가 … 조용하고 평화로운 삶을 살아갈 수 있을 것입니다.

**빌립보서 4:4-9** 주께서 가까이 오셨습니다 … 모든 일을 오직 기도와 간구로 하고, 여러분이 바라는 것을 감사하는 마음으로 하나님께 아뢰십시오 … 하나님의 평화가 여러분의 마음과 생각을 그리스도 예수 안에서 지켜 줄 것입니다.

**마태복음 6:5-8** "너희는 기도할 때에, 위선자들처럼 하지 말아라 … 사람에게 보이려고, … 너는 기도할 때에, 골방에 들어가 문을 닫고서, 은밀하게 계시는 네 아버지께 기도하여라.

## 38. 화해

**마태복음 6:9-15** '하늘에 계신 우리 아버지 … 나라가 임하게 하시오며 … 우리가 우리에게 죄지은 사람을 용서하여 준 것같이 우리 죄를 용서하여 주시옵고 …

**에베소서 2:12-16** 여러분이 전에는 하나님에게서 멀리 떨어져 있었으나, 이제는 그리스도 예수 안에서 그분의 피로 하나님께 가까워졌습니다. 그리스도는 우리의 평화이십니다.

**요한복음 20:19-23** 예수께서 오시어, 그들 가운데 서서 "너희에게 평화가 있기를!" 하고 인사하셨다 … 숨을 내뿜으시고 말씀하셨다. "성령을 받아라. 너희가 누구의 죄든지 사해 주면 사해질 것이요, 사해 주지 않으면 그대로 남아 있을 것이다.

**고린도전서 13:4-7** 사랑은 오래 참고, 친절합니다 … 성을 내지 않으며, 원한을 품지 않습니다 … 사랑은 모든 것을 덮어 주며 …

**창세기 45:1-15** "내가 요셉입니다! … "이리 가까이 오십시오" 하고 요셉이 형제들에게 말하니, 그제야 그들이 요셉 앞으로 다가왔다. "내가 형님들이 이집트로 팔아 넘긴 그 아우입니다. 그러나 이제는 걱정하지 마십시오. 자책하지도 마십시오 … 요셉이 형들과도 하나하나 다 입을 맞추고, 부둥켜 안고 울었다.

**누가복음 17:3-4** 그가 네게 하루에 일곱 번 죄를 짓고, 일곱 번 네게 돌아와서 '회개한다'고 하면, 너는 용서해 주어야 한다."

**시편 32** 복되어라! 지은 죄 용서받고 허물을 벗은 그 사람! … 주님을 의지하는 사람에게는 한결같은 사랑이 넘친다.

**요한일서 1:6-10** 우리가 하나님과 사귀고 있다고 하면서, 그대로 어둠 속에서 살아가면, 우리는 거짓말을 하는 것이요, 진리대로 살지 않는 것입니다 … 하나님의 아들 예수의 피가 우리를 모든 죄에서 깨끗하게 해주십니다.

## 39. 관계

**누가복음 9:46-50**  제자들 사이에서는, 그들 가운데서 누가 가장 큰 사람이냐 하는 문제로 다툼이 일어났다. 예수께서 그들 마음 속의 생각을 아시고 … 너희 가운데서 가장 작은 사람이 큰 사람이다."

**야고보서 2:1-8**  사람을 차별하여 대하지 마십시오 … 여러분이 성경을 따라 "네 이웃을 네 몸같이 사랑하여라" 한 으뜸가는 법을 지키면, 그것은 잘 하는 일입니다.

**마태복음 12:46-50**  제자들을 손으로 가리키며 "보아라, 내 어머니와 내 형제들이다. 하늘에 계신 내 아버지의 뜻을 행하는 사람이 곧 내 형제요 자매요 어머니다" 하고 말씀하셨다.

**베드로전서 1:22-2:1**  순결한 마음으로 서로 뜨겁게 사랑하십시오. 여러분은 모든 악의와 모든 기만과 위선과 시기와 온갖 비방하는 말을 버리십시오.

**누가복음 6:36-38** "너희의 아버지께서 자비하신 것과 같이, 너희도 자비로운 사람이 되어라." … "남을 심판하지 말아라 … 남을 정죄하지 말아라 … 남을 용서하여라 …."

**누가복음 10:29-37** "그러면, 내 이웃이 누구입니까?" 예수께서 응답하여 말씀하셨다. "어떤 사람이 … 강도들을 만났다 … 어떤 사마리아 사람은 길을 가다가, 그 사람이 있는 곳에 이르러, 그를 보고 측은한 마음이 들어서 … 누가 강도 만난 사람에게 이웃이 되어 주었다고 생각하느냐?"

**고린도전서 10:16-17** 빵이 하나이므로, 우리가 여럿일지라도 한 몸입니다. 그것은 우리가 모두 한 빵에 참여하기 때문입니다.

**마태복음 20:24-28** 너희 가운데서 으뜸이 되고자 하는 사람은 너희의 종이 되어야 한다. 인자는 섬김을 받으러 온 것이 아니라 섬기러 왔으며 …

**에베소서 4:1-6** 사랑으로 서로 용납하면서 … 여러분은, 성령이 여러분을 평화의 띠로 묶어서 하나가 되게 해주신 것을, 힘써 지키십시오.

**마태복음 7:1-5** "너희가 심판을 받지 않으려거든, 남을 심판하지 말아라 … 네 눈 속에는 들보가 있는데, 어떻게 남에게 '네 눈에서 티를 빼내 줄 테니 가만히 있거라' 하고 말할 수 있겠느냐?

## 40. 하나님 안에서 안전함

**요한복음 10:9-15** 나는 문이다. 누구든지 이 문으로 들어오면 **구원을 받는다** … 나는 선한 목자다. 선한 목자는 양을 위하여 자기 목숨을 버린다.

**마태복음 18:12-14** 너희는 어떻게 생각하느냐? 어떤 사람에게 양 백 마리가 있는데, 그 가운데 한 마리가 길을 잃었으면, … 길을 잃은 그 양을 찾아 나서지 않겠느냐? …이와 같이, 이 작은 사람들 가운데서 하나라도 **망하는 것**은, 하늘에 계신 너희 아버지의 뜻이 아니다."

**마태복음 6:19-21** 너희 재물을 하늘에 쌓아 두어라. 거기에는 좀이 먹거나 녹이 슬어서 망가지는 일이 없고, 도둑들이 뚫고 들어와서 훔쳐 가지도 못한다.

**시편 27** 주님이 나의 빛, 나의 구원이신데, 내가 누구를 두려워하랴? … 나의 부모는 나를 버려도, 주님은 나를 돌보아 주십니다.

**이사야서 41:8-13**  내가 너를 선택하였고, 버리지 않았다고 하였다. 내가 너와 함께 있으니, 두려워하지 말아라 … 내가 너를 돕겠다."

**예레미야서 29:11-14**  너희를 두고 계획하고 있는 일들은 오직 나만이 알고 있다. 내가 너희를 두고 계획하고 있는 일들은 재앙이 아니라 번영으로서, 너희에게 미래에 대한 희망을 주는 것이다.

**시편 86**  주님, 나에게 귀를 기울이시고, 응답하여 주십시오 … 주님을 신뢰하는 주의 종을 구원하여 주십시오 … 주님은 선하신 분, 용서하시는 분, 누구든지 주님께 부르짖는 사람에게는, 사랑을 한없이 베푸시는 분이십니다.

**시편 91**  그가 나를 간절히 열망하니, 내가 그를 건져 주겠다. 그가 나의 이름을 알고 있으니, 내가 그를 높여 주겠다. 그가 나를 부를 때에, 내가 응답하고, 그가 고난을 받을 때에, 내가 그와 함께 있겠다. 그를 건져 주고, 그를 영화롭게 하겠다.

**이사야서 25:4-9**  참으로 주께서는 가난한 사람들의 요새이시며, 곤경에 빠진 불쌍한 사람들의 요새이시며, 폭풍

우를 피할 피난처이시며 … 주 하나님께서 모든 사람의 얼굴에서 눈물을 말끔히 닦아 주신다 … 우리가 주님을 **의지**한다.

**41. 하나님을 구함**

**요한복음 6:44-47**  나를 보내신 아버지께서 이끌지 아니하시면 아무도 내게 올 수 없다.

**시편 73:23-28**  후에는 영광으로 나를 영접하시리니 하늘에서는 주 외에 누가 내게 있으리요 … 내 육체와 마음은 쇠약하나 … 하나님께 가까이 함이 내게 복이라.

**골로새서 3:1-4**  위에 있는 것을 추구하십시오. 여러분은 이미 죽었고, 여러분의 생명은 그리스도와 함께 하나님 안에 감추어져 있습니다 … 그리스도께서 나타나실 때에 여러분도 그분과 함께 영광 가운데 나타날 것입니다.

**이사야서 65:1-4**  누구든 나를 찾으면 언제든지 만나려고 준비를 하고 있었지만 아무도 나를 찾지 않았다. 내 이름을 부르지도 않던 나라에게 "나 여기있다. 나 여기있다" 말하였다 … 내가 종일 팔을 벌리고 있었다.

**요한복음 1:35-39**  예수께서 돌이켜 그 따르는 것을 보시고 물어 이르시되 무엇을 구하느냐 이르되 랍비여 어디 계시 오니이까 하니 … 예수께서 이르시되 와서 보라.

**시편 143:5-10**  주를 향하여 손을 펴고 내 영혼이 마른 땅 같이 주를 사모하나이다 … 아침에 나로 하여금 주의 인자한 말씀을 듣게 하소서 내가 주를 의뢰함이니이다.

**다니엘서 3:39-42**  이제 우리는 온전한 마음으로 당신을 따르렵니다. 그리고 당신을 두려워하며 당신의 얼굴을 다시 한번 뵈옵기를 갈망합니다. (공동번역개정판)

**역대하 15:12-15**  또 마음을 다하고 목숨을 다하여 조상들의 하나님 여호와를 찾기로 언약하고 … 온 유다가 이 맹세를 기뻐한지라 무리가 마음을 다하여 맹세하고 뜻을 다하여 여호와를 찾았으므로 여호와께서도 그들을 만나 주시고 그들의 사방에 평안을 주셨더라.

**시편 105:1-5**  여호와를 구하는 자들은 마음이 즐거울지로다 … 그의 얼굴을 항상 구할지어다.

**시편 24:1-6**  여호와의 산에 오를 자가 누구며 그의 거룩한 곳에 설 자가 누구인가? 곧 손이 깨끗하며 마음이 청결하며 뜻을 허탄한 데에 두지 아니하며 거짓 맹세하지 아니하는 자로다.

## 42. 섬김

**누가복음 22:24-27** 너희 중에 큰 자는 젊은 자와 … 같을지니라. 앉아서 먹는 자가 크냐 섬기는 자가 크냐 앉아서 먹는 자가 아니냐 그러나 나는 섬기는 자로 너희 중에 있노라.

**마태복음 23:1-12** 누구든지 자기를 높이는 자는 낮아지고 누구든지 자기를 낮추는 자는 높아지리라.

**누가복음 17:7-10** 이와 같이 너희도 명령 받은 것을 다 행한 후에 이르기를 우리는 무익한 종이라 우리가 하여야 할 일을 한 것뿐이라 할지니라.

**마태복음 24:42-51** 충성되고 지혜 있는 종이 되어 주인에게 그 집 사람들을 맡아 때를 따라 양식을 나눠 줄 자가 누구냐? … 만일 그 악한 종이 마음에 생각하기를 주인이 더디 오리라 하여 … 생각하지 않은 날 알지 못하는 시각에 그 종의 주인이 이르러 …

**에베소서 4:11-13** 그리스도의 선물은 성도를 준비시켜 봉사의 일을 하게 하고 그리스도의 몸을 세우게 하시려는 것입니다.

**고린도후서 4:5-7** 우리는 우리를 전파하는 것이 아니라 오직 그리스도 예수의 주 되신 것과 또 예수를 위하여 우리가 너희의 종 된 것을 전파함이라.

**골로새서 3:23-25** 무슨 일을 하든지 주님께 하듯 진심으로 하십시오 … 여러분은 그리스도를 섬기는 분들입니다.

**갈라디아서 5:13-15** 하나님께서는 여러분을 부르서서 자유하게 하셨습니다 … 사랑으로 서로 섬기십시오.

**로마서 12:3-13** … 부지런히 일하며 성령으로 뜨거워진 마음으로 주님을 섬기십시오 … 손님 대접하기를 힘쓰십시오.

**요한복음 13:1-20** 제자들의 발을 씻으시고 그 두르신 수건으로 닦기를 시작하여 … 그들의 발을 씻으신 후에 옷을 입으시고 다시 앉아 그들에게 이르시되 내가 너희에게 행한 것을 너희가 아느냐 … 너희도 행하게 하려 하여 본을 보였노라.

## 43. 하나님의 영

**요한복음 14:16-19**  내가 아버지께 구하겠으니 그가 또 다른 보혜사를 너희에게 주사 영원토록 너희와 함께 있게 하리니 … 그는 너희와 함께 거하심이요 또 너희 속에 계시겠음이라.

**야고보서 4:1-10**  너희는 하나님이 우리 속에 거하게 하신 성령이 시기하기까지 사모한다 하신 말씀을 헛된 줄로 생각하느냐.

**로마서 8:9-13**  너희 속에 하나님의 영이 거하시면 너희가 육신에 있지 아니하고 영에 있나니 누구든지 그리스도의 영이 없으면 그리스도의 사람이 아니라.

**고린도전서 3:16-23**  너희는 너희가 하나님의 성전인 것과 하나님의 성령이 너희 안에 계시는 것을 알지 못하느냐?

**고린도전서 2:9-16**  우리가 세상의 영을 받지 아니하고 오직 하나님으로부터 온 영을 받았습니다. 그것은 우리로

하여금 하나님께서 **아낌없이** 우리에게 은혜로 주신 것들을 알게 하시려는 것입니다.

**데살로니가전서 5:19-24** 성령을 소멸하지 말며 … 평강의 하나님이 친히 너희를 온전히 거룩하게 하시고 … 너희를 부르시는 이는 미쁘시니 그가 또한 이루시리라.

**에베소서 1:13-14** 그 안에서 여러분도 … 약속의 성령으로 인치심을 받았습니다. … 그의 영광을 찬미하게 합니다.

**로마서 8:18-25** 우리 곧 성령의 처음 익은 열매를 받은 우리까지도 속으로 탄식하여 양자 될 것 곧 우리 몸의 속량을 기다리느니라.

**디모데후서 1:6-14** … 네 속에 있는 하나님의 은사를 다시 불일 듯 하게 하기 위하여 너로 생각하게 하노니 하나님이 우리에게 주신 것은 두려워하는 마음이 아니요 오직 능력과 사랑과 절제하는 마음이니.

**요한복음 16:12-15** 내가 아직도 너희에게 할 말이 많으나 지금은 너희가 감당하지 못한다. 그러나 진리의 성령이 오시면 그가 너희를 모든 진리 가운데로 인도하실 것이다.

## 44. 청지기의 도

**마태복음 25:14-30** 어떤 사람이 여행을 떠나면서, 자기 종들을 불러서, 자기의 재산을 그들에게 맡겼다. 그는 각 사람의 능력에 따라 … 주고 떠났다. 가진 사람에게는 더 주어서 넘치게 하고, 없는 사람에게서는 있는 것마저 빼앗을 것이다.

**누가복음 12:42-48** 누가 신실하고 슬기로운 청지기이겠느냐? 주인이 그에게 자기 종들을 맡기고, 제때에 양식을 내주라고 시키면, 그는 어떻게 해야 하겠느냐? … 많이 받은 사람에게서는 많은 것을 요구하고, 많이 맡긴 사람에게서는 많은 것을 요청한다.

**고린도전서 4:1-7** 누구든지 우리를, 그리스도의 일꾼이요 하나님의 비밀을 맡은 관리인으로 보아야 합니다.

**요한복음 1:15-18** 우리는 모두 그의 충만한 데서 은혜 위에 은혜를 모든 것들을 대신할만한 하나의 선물을 받았다.

**고린도후서 9:6-11** … 적게 심는 사람은 적게 거두고 …

**누가복음 6:38** 남에게 주어라. 그러면 하나님께서도 너희에게 주실 것이니 … 너희가 되질하여 주는 그 되로 너희에게 도로 되어서 주실 것이다."

**마가복음 4:21-25** "사람이 등불을 가져다가 됫박 아래에나, 침상 밑에 두겠느냐? 등경 위에다가 두지 않겠느냐?

**고린도전서 3:5-9** … 주께서 우리에게 각각 맡겨 주신 대로 일했을 뿐입니다.

**베드로전서 4:8-11** 모두 자기가 받은 은사를 따라서, 하나님의 여러 가지 은혜를 맡은 선한 관리인으로서, 서로 봉사하십시오.

**고린도전서 9:14-27** … 나는 어쩔 수 없이, 그것을 해야만 합니다. 단지 내게 맡겨진 일을 받아들이고 있는 것입니다. 나는 복음을 전하려고 이 모든 일을 하고 있습니다. 그것은, 내가 복음이 주는 복에 동참하려는 것입니다.

## 45. 고통

**요한계시록 7:13-17**  그들은 다시는 주리지 않고, 목마르지도 않고, 태양이나 그 밖의 어떤 열도 그들을 괴롭히지 못할 것입니다. 보좌 한가운데 계신 어린 양이 그들의 목자가 되셔서, 생명의 샘물로 그들을 인도하실 것이고 …

**히브리서 2:9-18**  그는 몸소 시험을 받아서 고난을 당하셨으므로, 시험을 당하는 사람들을 도우실 수 있습니다.

**고린도후서 4:16-18**  우리의 겉사람은 낡아 가나, 우리의 속사람은 나날이 새로워 갑니다.

**이사야서 53:2-7**  그는 실로 우리가 받아야 할 고통을 대신 받고 … 그가 상처를 받은 것은 우리의 악함 때문이다. 그가 징계를 받음으로써 우리가 평화를 누리고 …

**마가복음 14:32-42**  그들은 겟세마네라고 하는 곳에 이르렀다. 예수께서 제자들에게 이르시기를 "내가 기도하는 동안에, 너희는 여기에 앉아 있어라" 하시고 … 예수께서는 두려워하며, 괴로워하셨다 … "깨어 있어라 … 마음은 원하지만, 육신이 약하구나!"

**디모데후서 2:1-9** … 그리스도 예수 안에 있는 은혜로 굳세어지십시오 … 고난의 **몫을** 달게 받으십시오 … 주께서는 모든 것을 깨닫는 능력을 그대에게 주실 것입니다.

**시편 30** 내가 주님께 울부짖었더니, 주께서 나를 고쳐 주셨습니다 … 저녁에는 눈물을 흘려도, 아침이면 기쁨이 넘친다 … 주께서는 내 슬픔의 노래를 기쁨의 춤으로 바꾸어 주셨습니다.

**고린도후서 1:3-7** 온갖 위로를 주시는 하나님께, 찬양을 드립시다 … 우리가 온갖 환난을 당할 때에 하나님께서는 우리를 위로해 주십니다. 하나님께서는 우리를 위로하셔서 온갖 환난 가운데 있는 사람들을 위로할 수 있게 하십니다.

**창세기 50:18-21** 두려워하지 마십시오. 내가 하나님을 대신하기라도 하겠습니까? 형님들은 나를 해치려고 하였지만, 하나님은 오히려 그것을 선하게 바꾸셔서, 오늘과 같이, 수많은 사람의 생명을 구원하셨습니다.

**이사야서 25:4-9** 참으로 주께서는 가난한 사람들의 요새이시며, 곤경에 빠진 불쌍한 사람들의 요새이시며, 폭풍

우를 피할 피난처이시며 … 모든 사람의 얼굴에서 눈물을 말끔히 닦아 주신다.

# 46. 하나님의 온화함

**누가복음 7:11-17** 예수께서 나인이라는 성으로 가시게 되었는데 … 성문에 가까이 이르셨을 때에, 상여가 나오고 있었는데, 죽은 사람은 그의 어머니의 외아들이고, 그 여자는 과부였다 … 주께서 그 여자를 보시고, 가엾게 여기시며 울지 말라고 하셨다.

**마태복음 20:29-34** 그들은 더욱 큰소리로 … "주님, 우리를 불쌍히 여겨 주십시오" 하고 외쳤다. 예수께서 … 말씀하셨다. "내가 너희에게 무엇을 해주기를 바라느냐?"

**이사야서 40:9-11** 그는 목자와 같이 … 어린 양들을 팔로 모으시고 품에 안으시며, 젖을 먹이는 어미 양들을 조심스럽게 이끄신다.

**마태복음 23:37-39** 암탉이 병아리를 날개 아래에 품듯이, 내가 몇 번이나 네 자녀를 모아 품으려 하였더냐!

**마가복음 1:39-41** 나병 환자 한 사람이 예수께로 와서, 그 앞에 무릎을 꿇고 … 간청하였다. 예수께서 그를 불쌍히 여기시고, 손을 내밀어 그에게 대시고 …

**시편 25:1-10**  주님은 겸손한 사람을 공의로 인도하시며 … 주의 언약과 계명을 지키는 사람을 신실과 사랑으로 인도하신다.

**누가복음 15:1-7**  내가 너희에게 말한다. 이와 같이 하늘에서는, 회개할 필요가 없는 의인 아흔아홉보다, 회개하는 죄인 한 사람을 두고 기뻐할 것이다.

**요한복음 11:32-44**  예수께서는, 마리아가 우는 것과 함께 따라온 유대 사람들이 우는 것을 보시고, 마음이 비통하여 괴로워하셨다 … 예수께서 눈물을 흘리셨다. 그러자 유대 사람들은 "보시오, 그가 얼마나 나사로를 사랑하였는가!" 하고 말하였다.

**이사야서 61:1-8**  주께서 나를 보내셔서 … 상한 마음을 싸매어 주고 … 모든 슬퍼하는 사람들을 위로하게 하셨다.

**시편 103:13-22**  부모가 자식을 긍휼히 여기듯이, 주께서는 주님을 두려워하는 사람을 긍휼히 여기신다 … 우리가 진토임을 알고 계시기 때문이다 … 주님을 두려워하는 사람에게는 주의 사랑이 영원에서 영원까지 이르고 …

## 47. 신뢰

**누가복음 8:40-56**  예수께서 들으시고서, 회당장에게 "두려워하지 말고, 믿기만 하여라." … 하고 말씀하셨다 … 사람들은 모두 그 아이 때문에 울며 애도하고 있었다. 예수께서는 "울지 말아라. 그 아이는 죽은 것이 아니라, 자고 있다" 하고 말씀하셨다.

**마태복음 9:27-31**  예수께서 그들에게 말씀하셨다. "내가 이 일을 할 수 있다고 너희가 믿느냐?" 하고 물으셨다. 그들이 "예, 주님!" 하고 말하였다.

**열왕기하 5:1-16**  엘리사는 사환을 시켜서 나아만에게, 요단 강으로 가서 몸을 일곱 번 씻으면, 장군의 몸이 다시 깨끗하게 될 것이라고 말하였다. 나아만은 이 말을 듣고 화가 나서 발길을 돌렸다. … "장군님, 그 예언자가 이보다 더한 일을 하라고 하였다면, 하지 않으셨겠습니까?

**시편 56**  두려움이 온통 나를 휩싸는 날에도, 나는 오히려 주님을 의지합니다 … 육체를 가진 사람이 나에게 감히 어찌하겠습니까?

**디모데전서 1:12-17** 그리스도 예수께서 먼저 나에게 끝없이 참아 주심을 보이셔서, 앞으로 예수를 믿고 영원한 생명을 얻으려고 하는 사람들의 본보기로 삼으려 하신 것입니다.

**마가복음 6:1-6** 예수께서 거기를 떠나서 고향에 가시니 … 회당에서 가르치기 시작하셨다. … 그들은 예수를 달갑지 않게 여겼다. 예수께서는 … 그들이 믿지 않는 것에 놀라셨다.

**시편 125** 주님을 의지하는 사람은 시온 산과 같아서, 흔들리는 일이 없이 영원히 서 있다. 산이 예루살렘을 감싸고 있듯이, 주께서도 당신의 백성을 지금부터 영원토록 감싸 주신다.

**야고보서 1:2-18** 의심하는 사람은 마치, 바람에 밀려서 출렁이는 바다 물결과 같습니다 … 시험을 견디어 내는 사람은 복이 있습니다. … 시험을 당할 때에, **결코** "내가 하나님께 시험을 당하고 있다" 하고 말하지 마십시오.

**베드로전서 5:6-11** 모든 은혜의 하나님이 … 여러분을 친히 온전하게 하시고, 굳게 세워 주시고, 강하게 하시고,

기초를 튼튼하게 해주실 것입니다. 권세가 영원히 그분께 있기를 빕니다.

**이사야서 26:1-9** 너희는 영원토록 주님을 의지하여라. 주 하나님만이 너희를 보호하는 영원한 반석이시다.

### 48. 진리와 성실

**마태복음 15:1-20** 이 백성은 입술로는 나를 공경해도, 마음은 나에게서 멀리 떠나 있다. 그들은 … 나를 헛되이 예배한다.

**마가복음 3:1-5** "안식일에 선한 일을 하는 것이 옳으냐? 악한 일을 하는 것이 옳으냐? 목숨을 구하는 것이 옳으냐? 죽이는 것이 옳으냐?"

**누가복음 6:43-45** 좋은 나무가 나쁜 열매를 맺지 않고, 또 나쁜 나무가 좋은 열매를 맺지 않는다 … 마음에 가득 찬 것을 입으로 말하는 법이다."

**마태복음 23:13-32** 너희도 겉으로는 사람에게 의롭게 보이지만, 속에는 위선과 불법이 가득하다.

**누가복음 13:10-17** 그런데 회당장은, 예수께서 안식일에 병을 고치셨으므로, 분개하여 무리에게 말하였다 … 주께서 그에게 대답하셨다 … 위선자들아!

**요한복음 15:1-10**  사람이 내 안에 머물러 있고, 내가 그 사람 안에 머물러 있으면, 그는 많은 열매를 맺는다. 너희는 나를 떠나서는 아무것도 할 수 없다.

**요한일서 3:14-19**  우리는 말로나 혀로만 사랑하지 말고, 행함과 진실함으로 사랑합시다.

**로마서 12:14-21**  교만한 마음을 품지 말고, 비천한 사람들과 함께 사귀고 …

**요한복음 18:33-40**  나는 진리를 증언하려고 태어났으며, 진리를 증언하려고 세상에 왔다. 진리에 속한 사람은, 누구나 내가 하는 말을 듣는다.

**마태복음 22:15-22**  위선자들아, 어찌하여 나를 시험하느냐? … 예수께서 그들에게 말씀하셨다. 그러면 황제의 것은 황제에게 돌려주고, 하나님의 것은 하나님께 돌려드려라.

## 49. 약함과 강함

**고린도전서 1:25-31**   하나님의 약함이 사람의 강함보다 더 강하기 때문입니다 … 그런데 하나님께서는 … 강한 자들을 부끄럽게 하시려고 세상의 약한 것을 택하셨습니다 … 아무것도 아닌 것들을 택하셨습니다.

**고린도후서 12:7-10**   주께서는 "내 은혜가 네게 족하다. 내 능력은 약한 데에서 완전하게 된다" 하고 말씀하셨습니다.

**누가복음 18:9-14**   스스로 의롭다고 확신하고 남을 멸시하는 몇몇 사람에게 예수께서는 이 비유를 말씀하셨다.

**히브리서 5:7-9**   예수께서는 인간으로 세상에 계실 때에, 자기를 죽음에서 구원하실 수 있는 분께, 큰 부르짖음과 많은 눈물로써 기도와 탄원을 올리셨습니다.

**시편 16**   나에게 주신 그 땅은 나에게 기쁨을 주는 땅입니다. 참으로 나는, 빛나는 유산을 물려받았습니다 … 그가 나의 곁에 계시니, 나는 흔들리지 않는다.

**사도행전 3:11-16** 어찌하여 이 일을 이상하게 여깁니까? 또 어찌하여 여러분은, 우리가 우리의 능력이나 경건으로 이 사람을 걷게 하기나 한 것처럼, 우리를 바라봅니까?

**요한복음 19:8-11** 예수께서 대답하셨다. "위에서 주지 않으셨더라면, 나를 해할 아무런 권한도 네게 없었을 것이다.

**로마서 11:33-36** "누가 먼저 무엇을 드렸기에 주의 답례를 바라겠습니까?" 만물이 그에게서 나왔고, 그로 말미암아 있고, 그를 위하여 있습니다.

**예레미야서 23:23-24** "내가 가까운 곳의 하나님이며, 먼 곳의 하나님은 아닌 줄 아느냐? 나 주의 말이다.

**고린도전서 2:1-5** 내가 여러분에게로 갔을 때에, 나는 약하였고 … 나의 말과 나의 설교는 … 성령의 능력이 보여 준 증거로 한 것입니다. 그것은, 여러분의 믿음이 … 하나님의 능력에 바탕을 둔 것이 되게 하려는 것입니다.

## 50. 증인

**누가복음 12:4-12** '무슨 말을 할까' 하고 걱정하지 말아라. 너희가 말해야 할 것을 바로 그 시간에 성령께서 가르쳐 주실 것이다."

**마태복음 5:13-16** 너희는 세상의 빛이다 … 너희 빛을 사람에게 비추어서, 그들이 너희의 착한 행실을 보고 하늘에 계신 너희 아버지께 영광을 돌리게 하여라.

**야고보서 1:19-27** 여러분은 말씀을 실천하는 사람이 되고, 그저 듣기만 하여 스스로를 속이는 사람이 되지 마십시오.

**빌립보서 2:13-16** 하나님께서는 여러분 안에서 활동하셔서, 여러분으로 하여금 하나님을 기쁘시게 할 것을 염원하고, 실천하게 하시는 분이십니다 … 흠이 없고 순결해져서 … 그리하면 여러분은 이 세상에서 별처럼 빛날 것입니다. 생명의 말씀을 굳게 잡으십시오.

**디모데후서 3:14-17** 그대는 그대가 배워서 굳게 믿는 그

진리 안에 머무십시오. 그대는 그것을 누구에게서 배웠는지를 알고 있습니다. 그대는 어려서부터 성경을 알고 있습니다.

**빌립보서 4:11-13** 나에게 능력을 주시는 분 안에서, 나는 모든 것을 할 수 있습니다.

**고린도후서 10:3-6** 육신을 입고 살고 있지마는, 육정을 따라 싸우는 것은 아닙니다 … 모든 생각을 사로잡아서, 그리스도께 복종시킵니다.

**디모데전서 4:7-16** 도리어 그대는 말과 행실과 사랑과 믿음과 순결에서, 믿는 이들의 본이 되십시오 … 그대 속에 있는 은사 … 그대에게 주신 그 은사를, 소홀히 여기지 마십시오.

**히브리서 6:10-11** 하나님께서는 불의하신 분이 아니시므로, 여러분의 행위와 여러분이 하나님의 이름을 위하여 나타낸 사랑을 잊어버리지 않으십니다. 여러분은 성도들을 섬겼으며, 또 지금도 섬기고 있습니다.

**마태복음 10:24-31** 제자가 제 스승만큼 되면, 만족스럽다 … 그러니 두려워하지 말아라.

# 추천 도서
Suggestions for Furtber Reading

다음의 도서 목록은 이 책을 통해 관심을 갖게 된 은혜에 대한 영혼의 열망을 더 풍성하게 도울 수 있는 책들이다. 원서가 제공하는 목록과 함께 한국어로 번역된 묵상기도 관련 도서들도 포함하여 소개한다.

Abhishiktananda, *Prayer*, Westminster, 1972.

Anonymous, *The Cloud of Unknowing* (trans. William Johnston), Doubleday Image Book, 1973

Anthony Bloom, *Beginning To Pray*, Paulist Press, 1970.

―――. *Living Prayer* Templegate, 1966.

Leonard Boase, *The Prayer of Faith*, Loyola University Press (reprint), 1985.

James Borst, *Contemplative Prayer, A Guide for Today's Catholic*, Liguori, 1979.

James Finley, *The Awakening Call*, Ave Maria Press, 1986.

Willigis Jäger, *The Way to Contemplation*, Paulist Press, 1987.

William Johnston, *The Inner Eye of Love*, Harper & Row, 1982.

Thomas Keating, *Open Mind, Open Heart*, Amity House, 1986.

John Main, *Word into Silence*, Paulist Press, 1981.

Thomas Merton, *New Seeds of Contemplation*, New Directions, 1972.

―――. *What Is Contemplation?* Templegate, 1981.

거룩한 사귐에 눈뜨다, 데이빗 베너, IVP, 2007

단순한 기도, 존 달림플, 은성출판사, 1999

마음을 열어 하나님께로, 토마스 스린, 도서출판 로뎀, 2012

밀밭의 가라지, 토마스 그린, 도서출판 로뎀, 2012

사귐의 기도, 김영봉 지음, IVP, 2012

샘이 마를 때, 토마스 그린, 도서출판 로뎀, 2012

하나님을 읽는 연습, 토니 존스, 예수전도단, 2006